WEALTH

天窗出版

2020s 金融大洗牌

Dr. Ng-Bond Desk 著

目錄

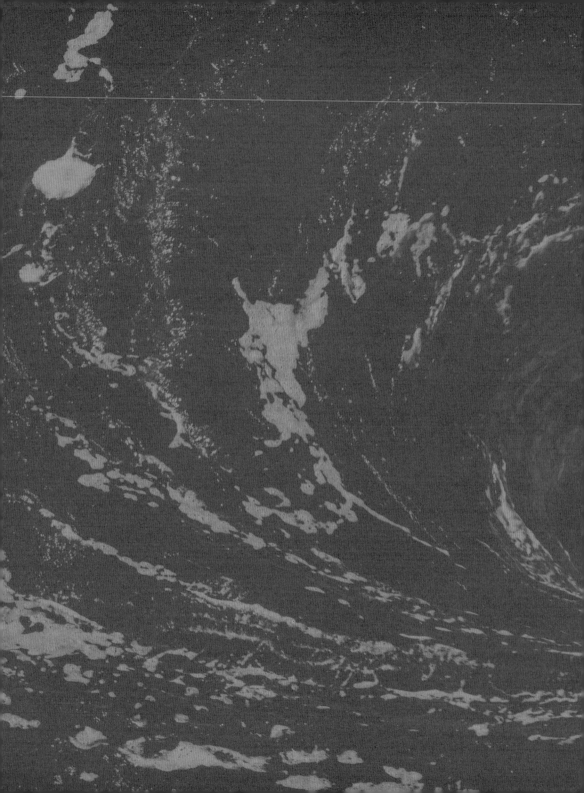

Love your children with warm and sacred heart;

Teach your children with wise and thoughtful mind;

Discipline your children with thunderous velvet hand;

Nurture your children with encouragement and pride;

Bless your children with greatness and forgiveness, from the Three Men I admire the most: the Father, the Son and the Holy Ghost.

自序

2018年是我主打防守的一年，自從沽出所有債券後，我主要是把資金放於銀行作為存款，而年尾的時候我買了金，主要打防守，雖然是防守性質，但也有7%不俗的回報。防守是重要的，防守的重要性是保本，令你的生命值可以保存，保存實力讓資金不要流失，才可在有機會時繼續投資。然而打防守是在還有不確定的時候做，打防守不會讓你勝利，只能保留你的實力。若想勝利，不能只靠防守，要靠攻擊，但攻擊也不會保證勝利，因攻擊的時候會暴露弱點。攻擊愈強，防守愈弱，但勝利需要捕捉機會。我們都要做好接受勝利的滿足和接受失敗的痛苦。我勸喻大家，做甚麼投資前都要有準備不一定會成功。

2019年，我的投資策略由防守變攻擊，投資於避險工具，包括黃金、銀、鉑金、鈀金和美債。然後在2019年中，我把所有投資平倉，鎖定利潤。你可能會問，為何我的長線投資變為中線投資？甚至將手上持有的清倉？因為在2019年中，我發現避險四寶有可能調整，我反覆思量決定在高位沽貨套現鎖定利潤，於是在黃金約1,450美元的位置、鉑金在960美元左右，以及銀在19.6美元左右的位置，將手上所持有

的全部清倉，我之後改為較保守的做法，我於每一次低位時再次吸納這些避險投資工具，但每次資金不多，我的目的是作為長線投資，是可以等待一段較長時間，以捕捉長線上升軌帶來的升幅。

　　送你們一句我很喜歡的引言：

"Invincibility lies in the defense the possibility of victory in the attack. One defends when his strength is inadequate, he attacks when it is abundant."

　　這一句要引用在我的投資思維上，大概意思就是，我們在思想上及理念上，要有分析，及要有充份理據支持我們的投資，不是以你的財富有多少作定義，是我們對當時的市場推演的認識，從而作出較肯定的結論及投資部署。

各位投資路上的同路人，希望你們都能有所領會，投資路上，不可勝的時候，守也；可勝的時候，才攻也！

當知道我會出新書後，我的忠實讀者都十分支持我，甚至送上不少畫作及一些打油詩給我，希望我在書中和大家分享，故此我把部分分享如下，而部分則收錄在書中的各章節和大家分享。

「金融世態百千種，萬變不離在其中。

爆破臨至皆幻滅，空餘閃閃黃金夢。」

「龍鷹相爭禍八方

兩強混戰是零和

東風漸勁西一驚

蒼生螻蟻盡四禍」

FEDERAL

Chapter ONE

8014金融亂局

RESERVE

聯儲局
誠信破產

　　2019年1月4日當天，就是聯儲局主席鮑威爾誠信破產的日子。

　　先跟你們回帶當日市況。1月4日晚股市大波動，上升了700多點，將1月3日晚的跌幅失地全部收復。1月3日晚的跌幅，是歷史上美國股市在新一年開市的第二日來說，是第二次最大跌幅。在新一年度開始，最大跌幅的那一次，是2000年美國科網股爆破，納斯達克股份爆破的時候。當時美股是高峰期，和我們剛在熊市開始大不相同。當時在納指爆破後，納指在7個月內大跌近80%，整個美股也跌了大半，跌幅很厲害。

加息變為不加息

那麼，這次1月4日是甚麼事？那日美股大升700多點，簡直令人不敢相信，當日是標普在開年第三個交易日第二最大升幅。歷史上第三個交易日最大升幅是在1932年，那是在大蕭條期間發生。你看這兩次大升市，兩個情況都是在波動和股災之中發生，真的很古怪，也不期然會令人有疑問的是，我們現在會否都準備進入股災之中呢？單單在1月4日，道指上升了3.3%，納指上升了4.25%。

1月4日晚在美股期貨市場，開市初段已經升300多點，當晚還有非農業就業新增職位即將公布，美股仍能有那麼大的升幅，就是鮑威爾的荒謬和荒唐言論所造成，實在是很恐怖。

1月4日在香港時段，港股有大升，連帶美國和歐洲股市都升，原因是有指中美貿易談判有緩和迹象，中美貿易戰事件其實沒完沒了，有緩和或有出路這些情況，只不過是股市的幻想和幻覺，是中美做戲，根本中美雙方大家傾不攏，而我亦一早說了這些原因都會令股市消耗性下跌，跌一些然後升一些，升一些然後又跌一會，不會一次大跌，這些升跌會不停出現，會經常上下浮動，我們要認清，中美雙方傾不來是不變的事實。

圖表1.11 美國道瓊斯工業平均指數十年走勢

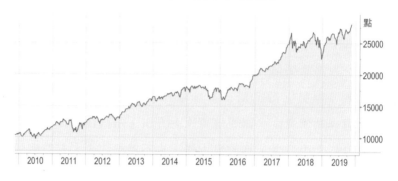

想一想中美貿戰，能談攏對誰最有幫助？其實是對中國有最大幫助，美國也有點好處，但最主要目的，美國不是想跟中國談貿易和錢，中國亦不介意付錢給美國，美國實際是要用貿易戰這個籌碼來和中國說，要停止「中國製造2025」，也不可做高科技轉移和盜竊，或知識產權非法轉移，和不可用行政手段逼公司轉移知識產權，企業競爭要公平，不能資助國企令競爭不公，因為國企和民企是正受國家補貼，才得以和世界企業競爭，這是不公平的，也是令美國痛恨的其中一個點。

貿易戰從來只是一個籌碼，逼使中國去改變其不公平競爭習慣。美國表明若中國不改，就增加關稅，如要美國人付重稅買中國貨品，美國人確實未必願意。這些貨品的關稅最後是轉嫁美國人，原因是中國貨品要入口美國，由於加了

關稅，貨品成本上升，便需要加價平衡成本上漲。所以美國人如果付錢買昂貴了的中國貨品，也意味會導致美國通脹，貨品貴了，原因就是美國人付這些懲罰性關稅。所以這樣鬥下去，短期來說，沒有贏家，但長期來說美國要中國釐行條款，令美國能長期贏，不單在貿易方面，更是在高科技發展方面。美國是銳意打倒中國的「中國製造 2025」、一帶一路及軍事方面等重要領域。美國多次指出，中國高科技發展得那麼快，原因是中國盜竊而來，要壓抑中國，5G 不能發展快過美國，因若中國先行 5G，全世界跟中國方向走，對美國影響很大。

好壞消息都變成好消息

經濟對股市向來是非常重要的因素，經濟好對企業來說是給予了企業很強的信心，經濟強企業就能賺錢，所以經濟有好消息，對股市來說就是有好消息；經濟有不好消息，對股市就不利，這是我們一向接觸的世界就是這樣。當我們收到一份強勁的就業報告，一想到就是市場製造了大量新工作，人民消費自然就會多，市場就會有更多資金，因為他們有薪金，他們可繼續支出，經濟可繼續增長，公司可以繼續有強勁收入。

但也有人會想，當公司要支出的薪金上漲，公司付出的成本增加，會否犧牲股東利潤？這個當然會的，工資上漲會令公司利潤下降，股東收入會少了，但無論如何經濟高速發展，計及所有數據後，應對公司有幫助，除非人工或通脹真的升得很劇烈，而蠶食過多盈利，這情況在2018年仍未有發生，所以當時這對公司來說應該是好消息。

但這個情況在2018年12月中聯儲局加息後有所變化，經濟好消息變為了壞消息，為何有這個轉變？因為強勁就業市場應對經濟好，令聯儲局話要加息，然而要經濟好需要低息，低利率才能帶動經濟發達，所以經濟好對市場變了壞消息，因聯儲局指當產生通脹及失業率低，就要加息，而另一

邊廂由於低息環境才能推動市場，市場想升即變相要有壞消息才行，因為有壞消息才令聯儲局不敢加息。

但去到1月4日就不同了，整個情況變了樣。聯儲局當日表示不加息了，即是說連遊戲都退出，當聯儲局退場，不再加息，情況有轉變，市場變了要好消息。市場之前要壞消息，是希望聯儲局會因為壞消息而不加息，但由於聯儲局退出遊戲，無論甚麼情況都似乎不會加息了，所以市場也「無有怕」，現在會轉為要好消息，因為聯儲局的取態是經濟好不加息、失業率低也不加息，怎樣也不加息。

現在聯儲局說不擔心失業率及通脹問題，聯儲局表示不加息，更表示會彈性處理縮表問題，那是否會製造第四輪量化寬鬆（QE4）？聯儲局一貫表示會因應數據好而加息，現在則因股市下跌波動，會推行量化寬鬆政策，連縮表也不縮，你說是不是荒謬？2018年12月19日至1月4日的轉變是很恐怖，究竟鮑威爾在想甚麼？

圖表1.12 美國失業率走勢

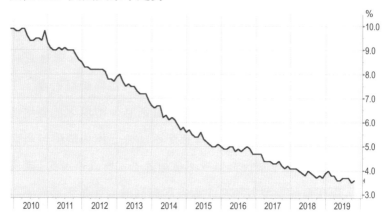

圖表1.13 美國工資上漲走勢

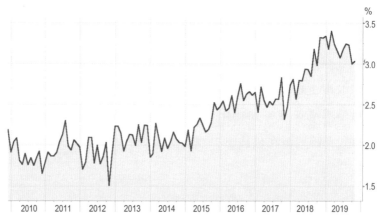

　　1月4日非農職位估計是1萬8千個，但最後出來結果是31萬2千，大大高於預期，還修改了上期的15萬5千個工作崗位，向上修訂為17萬個，而升幅大多來自55歲以上人士，

而且多數是臨時工作，這班人很有效率，所以請這些人，而且是臨時工，反而新工種給年輕人是跌的，所以經濟又不是真的大家看來那麼好。

失業率上升，3.7% 升至 3.9%；勞工力參與率由 62.9 升至 63.1，即更多人進入勞工市場，之前那班人不打算找工作，所以不計入失業，現在想找工作，但工作不適合他們做，所系數大了，多了人找工作，變了失業率因此上升。另外，時薪增長 0.4%，預期為 0.3%，上月是 0.2%，即顯示工資增長十分火熱，一般在每年年尾如 11 及 12 月推出這些數據會令市場很震驚，這麼強勁數字即顯示有通脹，市場就會擔心聯儲局會因而加息，但來到聯儲局誠信破產的那一天，所有好消息真的變為好消息，因聯儲局又不會為了這些好消息而加息，現在的市場微妙的轉變就是這樣。

縮表變為非必須

鮑威爾在 1 月 4 日到底說了甚麼？那天他發表了驚人的報告，與會者包括聯儲局前主席伯南克，他在我心目中是歷史上第二差的聯儲局主席，耶倫是歷史中第三差，鮑威爾第一名當之無愧，原因是他爆出市場無法相信的言論。那些言論有可能是特朗普著他跟稿說的。鮑威爾首先說要有耐性面對加息，我們不需要加息，若市場有需要甚至要減息，更說縮

表情況是由自動導航變為彈性處理，2018年12月19日才說繼續縮表是不爭的事實，但過了十多日，竟然將根基整個拔起，更說現在會按情況處理。

鮑威爾是在一個閒聚中爆出相關言論，不是在輕描淡寫中爆出言論，而且聯儲局並沒有開過會，到底他的發言是代表他自己，還是代表聯儲局呢？如果鮑威爾沒有和聯儲局官員溝通過，便爆出縮表由自動導航改為有彈性處理，是否恰當？這在在顯示，聯儲局變了是個人治機構，不是法治機構，全部聯儲委員排排坐投票是沒用的，鮑威爾已完美示範，他一個人說甚麼就是甚麼，完全違反了美國民主信念，

與共產國家無分別，對此我絕對失望。

我之後也有特別地留意，那件事過去之後，聯儲局的12月會議紀錄發出來，有沒有提及此事？果然沒有。首先全部投票決定會加息，而加息幅度會因數據而改變，但絕對沒說縮表情況會彈性處理，即鮑威爾是自把自為，自己決定要將縮表情況彈性處理，這實在是十分荒謬，對市場造成破壞。他的言論令美股大升千多點；美元大幅下滑至95邊沿；油價大升，由45美元升至51美元；商品價格大升7%，金當刻大跌10美元，但後來反覆回升，我相信金會保持強勢。通常在好消息下，金會跌20至30美元，但一般很快反彈，相信金都是保持強勢。

滯脹比衰退恐怖

若我是資深投資者，我會在商品市場大量買入，因為不擔心通脹，聯儲局話會保持低息，成熟投資者不能忽視債市的預知情況，債市孳息曲線已告訴你，經濟衰退正來，但我們現在有通脹，但鮑威爾說通脹不加息，縮表會調整，即我們將會進入滯脹情況，即不止是經濟衰退，滯脹（stagflation）比衰退（recession）更嚴重。這個政策將泡沫泵得更大，令下次爆破的情況更厲害。

若鮑威爾真的停止縮表，美元會大幅下滑，將會推高商品市場價格，這些價格會上升，通脹必定會來，令房產市場和疲弱的汽車市場惡化，加上特朗普在擴大政府規模，不停製造就業，想增加政府開支，增加基建，全是會刺激通脹的表現，令滯脹出現，令情況惡化。

糾正錯誤需要忍痛

歷史上從沒出現聯儲局將利率長期控制在這麼低水平，過去十年都這樣，令很多投資出現了，企業及個人不停投資，令負債十分高，但利息是零，好像毒犯般中毒，只要利率升高少少就撐不住，但你要知道，低利率不會是永遠的，利率必然調升，長時間經濟復蘇，利率也會維持高位一段時間，是市場自由定律，循環不息，正如四季春夏秋冬，有生有死，經濟也是這樣，現在正常應讓他自然興旺進入衰退，再興旺再衰退，為何現在要阻礙這些自然反應呢？QE3就是一個毒品，這些企業要戒毒，但聯儲局短短幾個月就放棄、投降，到底為經濟好還是為經濟差？現在加息辛苦，就變為不加息，表都不縮了，零利率繼續借錢給你，是好是壞？是幫忙還是靠害？你們心裡有數吧！

市場要糾正一個錯誤，一定會有痛楚，現在鮑威爾只是期望在他任內泡沫不要爆破，特朗普也是持同樣的想法，等

下一位上任才爆，他們做這些事情是錯到很離譜，因為爆是
可以很快的。如果要執意實行QE4，只會短暫成功，很快就
會無以為繼，很快就會步入大蕭條和滯脹。

鮑威爾
再製造 QE4

聯儲局的言論令人失去信心，令人對他的言論一致性、可行性及連貫性失去信心。

我對美國以至全球經濟將會出現衰退情況是沒改變的。

聯儲局不敢加息

聯儲局2018年12月19日最後一次加完息，股市及債市反應非常劇烈，市場震盪太大，令聯儲局不只怕加息，甚至連縮表都有恐懼，聯儲局的恐懼達到十級，由於聯儲局表示停止加息，市場會反彈，但不會維持好耐，市場會失去理性，會盲目投資，會出現嚴重經濟過熱，市場經濟泡沫更大，泡沫會自動爆炸，正如2000年科網泡沫，這一次會屬害過之前那麼多次，聯儲局會成為千古罪人。

2018年12月19日，加完息後美股大跌，雖然boxing

day回升，但總結整個12月，表現都是很差。當大家以為2019年開初，美股都會一樣差時，1月4日鮑威爾就180度轉變，話加息會彈性處理（flexible）及會保持耐性（patient），對於縮表的取態，也是說會跟市況來處理，但在那次之前，他明明是說縮表是無論如何都會繼續進行的，但那次卻改口吻為按市場情況決定。所以由那天起，股市不斷大升，情況去到1月中更為明顯，很多聯儲局前官員都出來放風，表示2018年12月19日的加息可能是最後一次，連聯儲局副主席也表示，2019年的加息行動可能會比預計少，暗示2019年的加息機會是零次或一次，有些人更說會減息。

圖表1.21 美國聯邦基金利率走勢

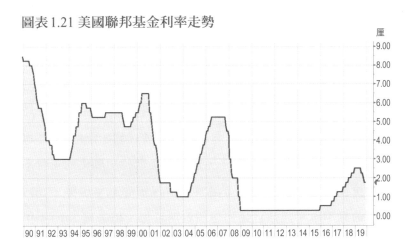

將爛攤子留給下任

現在的聯儲局是十分虛怯的，連縮表都不敢，變得很懦弱，不但不敢加息，連提也不敢提，我想最主要的原因，是鮑威爾不想經濟泡沫爆破在他任內發生，要爆也最好等下一屆接手，正如特朗普都是在製造爛攤子中，期望下一屆才爆。

美國國債孳息在2018年年尾已出現了倒掛的情況，其中1年期、2年期、3年期和5年期的息率已經有倒掛出現，所以2019年秋至冬季可能會出現經濟衰退，所以當聯儲局不單止停止加息，反而減息，當這次泡沫爆破，需要減息刺激經濟的話，其實聯儲局是沒有彈藥的，現在只有2厘的減息空間，到時可能子彈不夠，不單止不能縮表，還要擴大，實行第四輪量化寬鬆計劃（QE4）。

聯儲局的加息行動，由2015年12月開始，當時聯儲局宣布息口正常化，當時估計加息目標是要達到3至4厘，然而就算真的加至3至4厘的水平，也是歷史低位，歷史的正常水平是更高。如果聯儲局按市場實際情況推進息率趨勢，2019年初的息率水平應該已達到這個預期目標，但去到2019年年初，息率還只是加至2至2.5厘，還不單止，縮表情況更慢，2015年的時候，是4.4萬億美元，減到2019年仍然還有4萬億美元在表上，只減得4千億美元。聯儲局原本的計劃是，去

8014金融亂局｜鮑威爾再製造QE4

到2019年初想減至量化寬鬆前的水平，即8千億美元，這樣比較之下你看得到，他們是完全達不到目標。他們的目標沒法在現實中達到，要達到這個水平期間市場會產生變化，會令市場很驚慌，他們發覺市場承受不到縮表及加息的情況，尤其是股票和資產價格的震盪非常，你看12月加息後，股市應聲大跌。

你可能會問，那麼聯儲局把息率在2019年初推至2.5厘都沒有事，為何不繼續加？這牽涉很多因素，你可以回想2015年12月時第一次加息，當時還是耶倫任聯儲局主席，當時聯儲局加完第一次息，等了好久才加第二次息，當時加息成功是因為股市大升，是因為當時特朗普贏了希拉莉成為總統，當時特朗普表示會推出很多振興措施，第一次加息與第二次加息相隔了一年，所以你看聯儲局對加息有恐懼感，好審慎，他們對加息十分敏感，因為他們知道自己在製造很大的泡沫。

股市升是人為

事實上，市場在2014年便估計，聯儲局會在2015年第一季就會加息，但等了全年，到2015年12月，才有第一次加息。後來特朗普上場，耶倫卸任聯儲局主席，改為鮑威爾上

場，特朗普上場時已經說市場已存在泡沫，但特朗普一上場後，推出包括減稅等振興經濟措施，然後不停說經濟好，既然說經濟好，那麼鮑威爾就跟隨耶倫步伐加息，總共加了9次息，特朗普為加息打了強心針，他的振興經濟計劃，有助鮑威爾加息，但你要知道，特朗普的這些措施都是短暫的。

還有2018年2月至12月時，股票大升部分源於有資金回流，因為當時有減稅措施，於是企業回購股票，令股市大升，當時的升市實際是十分人為的，是假象地造好，特朗普的就業政策也是假的，很多工作都是臨時工。在這樣的環境下加9次息，令息率提升至2.5厘，破壞已經做成。

聯儲局起初表示，縮表是自動執行的，但到2019年年中就改口，表示要視乎市場數據，表示如市場波動很大，有機會推出第四輪量化寬鬆（QE4）。首先，聯儲局已停止加息，而且還不斷出口術抬高股市，又印銀紙把資金注入市場，特朗普還與6大銀行合奏，刺激市場。市場變得自我感覺良好，因為市場認為聯儲局不會加息，但這是錯誤想法，以往的加息行動已經令經濟陷入了衰退。

市場變得盲目看漲

現在市場對消息變得盲目，對任何消息都看為是好消息。2019年年中有一個反映工業蓬勃程度的製造業指數推出，本來市場估計指數是12，但數據出來只有3點，是19個月以來最差，但市場對這完全沒反應，當日股市還升。市場對壞消息沒反應是很糟糕的，市場盲目了。

無論如何衰退是會出現的，只是時間性，因傷害已造成，特朗普只是靠印銀紙製造經濟蓬勃，聯儲局和特朗普令大家覺得無通脹，怎麼會沒有通脹呢？你看Netflix在2019年年中加價13%，這加幅是他們12年以來加價幅度最大，而且更表明那次不是最後一次加價。試問如果沒有高通脹，為何要大幅加價？沒通脹是騙人的，每個市場都需要有輕微通脹才是正常的。

貿易戰帶來通脹

　　現時美國的龐大債務，大得和日本沒甚麼分別，但美國今次有通脹，但對付通脹是要加息，但現在美國都不加息，壓低油價則要其他國家合作，通脹這個巨輪出現了是很難停止的，再者貿易戰也會產生通脹。

　　在這些混亂的局面中，黃金我會繼續增持，以應對惡劣環境，黃金始終是最好避難所，比很多貨幣都穩健，是個保險，我的個人組合本來打算大約15-20%持有黃金，本意是希望用以和手持美元對沖，因若行QE4美元會下跌，但今次不知美元會跌多少，現在全球所有國家都零息，只澳洲和加拿大有少少息，歐元有加息條件，沒有減息條件，日本無減息條件，個個國家的貨幣都有危機。

1.3

特朗普
愛造市

美國歷史上沒有一位總統，有如特朗普那麼直接地將自己的民望與股市掛鈎，甚至不惜明刀明槍、明目張膽地要6大銀行支持配合，實在很猖狂。

把自己民望與美股掛鈎

我全年都不斷在說，我們這個年代正發生很多從沒見過的事，自從特朗普上台後，他將自己的民望與美股掛鈎。現在的美股是被6大銀行牢牢地操控著，所以現在股市是被操控的股市，距離合理價值很遠，特朗普是以出口術，以及逼聯儲局減息來控制股市。當市場預期會不斷減息，便能預期股市會維持在26,000至27,000點的水平。我認為這個幅度不算升得十分厲害，因為債市走了那麼多錢，股市照計應該升幾千點才叫作合比例，而且加上有6大美國銀行受特朗普所托在頂著股市，升幅理應要更多更誇才合理。

現在的美股，這根本就是在造市，美國央行持有大型股托市，但令股市升得太高又不行，原因是股市若升得太多，假如升至3萬多點，美國有何理據合理化自己的減息行動？

你看特朗普也不敢說美國經濟差，他說美國經濟好，鮑威爾都不能夠唱反調說美國經濟差。但特朗普現在是用減息預期來支撐股市，如果減到零甚至減至負利率，債息實在沒理由會抽升，現在債息抽升若不是因中國在賣美國債，其實是好好買入美債的機會，但如果是中國正在賣債，我們買就要注意了。

圖表1.31 美元指數走勢

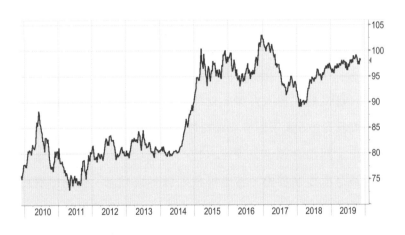

REPO 抽升 聯儲局無限注資

那麼美國要6大銀行支持撐市，美國的銀行有錢嗎？有！錢就是從聯儲局來，從印銀紙來。

不知你有沒有注意到，美國銀行間短期拆借利率 (REPO) 問題愈來愈嚴重，這個REPO主要是銀行間隔夜拆借資金，以應付短期債務需求，通常這個利率應該是低過或和聯邦基金利率2.25厘差不多的，應不會高過聯邦基金利率的。不過在2019年9月至10月（至執筆止），紐約聯邦銀行收到聯儲局的通告指，正幫手注資入銀行間市場，因為REPO升至10厘，

聯儲局承諾由9月24日至10月10日，每日最少注資750億美元入銀行的REPO系統，以拯救銀行間的流動資金問題，因為如果銀行間拆借利率抽升，會影響債息升，也會影響有機會引致雷曼事件翻版。

來到鮑威爾年代，已沒有人信任聯儲局。自從伯南克說QE是短暫，不是常態，到QE已成為常態，反映完全沒有口齒。正如這個REPO注資也一樣，就是變相長期在注資銀行，已在進行QE，還要沒注資上限地幫忙。聯儲局的錢從何來？還不是從印銀紙和不停發債而來嗎？

如果REPO繼續失控，由10厘再升至20厘，那你會怎樣？繼續注資？其實聯儲局已在進行很嚴重的行政措施。聯儲局就是在注資REPO，來推低債券利率。聯儲局是在用人為因素壓低利率。特朗普亦明刀明槍要銀行配合撐市行動。

誰在
沽美債?

　　特朗普2019年年中說準備將國債再融資(refinance debt),既然打算以低息債換回高息債,作為投資者當然有懲罰給特朗普,需要給點甜頭才能再吸引投資者。總之現時資金流出債市,但又不是全部流至股市,而貴金屬如黃金也下跌,七大工業國(G7)債券息率也抽升,全部債被沽,一波牽連一波,由美債開始引發息率抽升,如果繼續抽升,發債成本愈來愈高,就會造成問題。

國債息抽升不合常理

　　市場現在有太多不明朗因素,國債息率在2019年年中全面抽升,不合乎常理,到底息率會抽至多高也沒有人能知道。2018年股災時,10年期長債孳息在3.5厘左右;2019年年中,短短一星期長債便可抽升30點子,達到2.26厘,事隔一星期又抽升30點子,去到2.56厘。如繼續抽升,會令全部

投資工具大跌，無論是已發展國家或新興國家的股市，抑或甚麼其他的投資工具紛紛都會全挫。

現在是減息周期開始，正常環境下，美國國債由短期至全部長年期的孳息曲線應是向下的，即債價應該是升而債息落，不應該是長息抽升，但長息在9月中時出現抽升離奇現象，30年長債息一星期內由1.92厘抽到2.26厘，即升了34點子，即升了0.34厘；10年期則由1.4厘升至1.78厘，升了38點子。這些大波幅在債市不是投資者喜歡見到的，是不尋常交易和不尋常情況，預示之後一定會有大事出現，減息實在沒理由讓債息抽上。

圖表1.41 美國10年債息率走勢

圖表1.42 美國30年債息率走勢

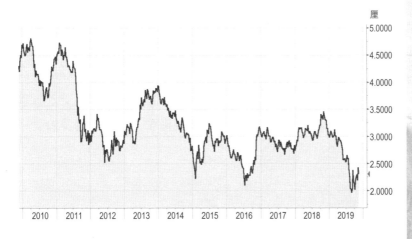

企業發債成本抽升

　　你要知道，市場上公司發債是用10年及30年的國債息率作為基準（benchmark），然後加上一定幅度的點子溢價，而當長債突然抽升，好像2019年年中突然抽升30點子，會令公司發債成本增加，發債成本愈來愈貴，短短一星期抽升30點子這樣的情況，令人最擔心的是，債息情況不會是有秩序地升或有秩序地跌，而是會失控地升或失控地跌。這樣的抽升情況，在2008年及2015年都出現過，而之後股市就大跌，很多時市場情況就是，當債市出現不理性的情況，息率一旦抽上，股市就會大跌。

目前市場上，我個人最擔心的是，當有跡象顯示大量資金流出債市的時候，到底是誰在賣出美國國債呢？我最擔心的是，不知道是否中國在賣美國國債，這是中國的最大彈藥，會觸發市場很大的波動。如果中國沽美債，債息會抽升得很厲害，而美債是很多人的投資組合中的重要棋子，有投資者甚至以槓桿買入美債，若債價再跌，有可能觸發被要求補倉（margin call）。

美債早晚跌至負息

原本在這樣的經濟亂局情況下，我估計美國債債息早晚會跌至負息（negative yield），息率大跌債價理應大升，在這樣情況下本應是全副身家押注美債，等負息，等債價大升而獲利，但一個極大的不明朗因素，我們未能確定，就是中國會不會大舉沽美債，決定以自己的最大彈藥擊倒美國，如果中國沽美債，這後果嚴重得令人不敢切想。

當市場變得不尋常讓人擔憂時，總有些樂觀的人走出來表示不用擔心，資金是由債市走了去其他避險資產，但避險四寶（美國國庫債、黃金、瑞士法郎，日圓）的同期走勢也不樂觀。即或同期的股市創新高，但美債是很大的資產市場，其流出的錢要推升股市，絕對不會只推升那麼少，所以錢不

是全部去了美股市場，那麼錢到底去了哪裡？這也是最大的隱憂，最怕是中國把美債沽了、把資金抽走了，因這是中國當前要拖垮美國的最大籌碼。

　　日本是持美國國庫券份額最大的國家，其次便是中國，所以只要中國賣出手上5%美債，都會把美債市場弄死。你看9月中出現的減息反令長債抽升現象，在在會帶來不少問題，長債抽升最大問題是會令全球套息交易活動成本大升，新興市場或德國等國債的發債成本都會上升，其他公司發債成本也會上升，令企業經營更為困難，需要正視。

1.5

中美鬥法
沒完沒了

　　我說過很多次，中美之間的鬥法是沒完沒了的，如果你以為真的會談得攏，是實在太天真了。他們時好時差的關係，把大家玩弄在掌心之中，特朗普的把戲，無非是要間竭地提振股市，令股市上升，因為他是將自己的民望與股市掛鈎。

特朗普成了國際笑話

　　2019年9月22日，特朗普成為了國際間的小丑，被中國打了好幾巴，有如如來神掌，一招接一招，使特朗普無力招架，成為國際笑話。那麼到底發生了甚麼事？我逐一來說說。

　　2019年9年下旬，早上，特朗普宣佈不會徵收中國某部份貨品的關稅，以釋出善意，表示中美貿易協議進展理想。市場勉強接受這個消息，有點反應，因此當日開市時，道瓊

工業平均指數大約上升了100點。中國亦繼續派出訪問團去探訪農民，加上特朗普釋出善意，一切都很美好、一片光明。讓我們看看當時的股票和債券市場的情況。從一開始可見美國股票是下跌中，後來因為特朗普釋出善意，大家都認為貿易戰有機會緩和而開始回升，升至大約1.8%。但突然中國開始出招，取消探訪美國農民並離開，特朗普頓時顏面盡失。隨後，美國股票因為這個消息而開始大跌，大約下跌了259點；同時，美國10年長債的息率由1.8%下跌至1.72%，因為中國的代表即將要離開。

頓時所有謊話被拆穿，「有建設性對話、貿易協議進展良好、準備十月會再有會談……」等等之前堆砌的謊言都被看穿。我經常告訴你們不要理會，也不要相信他的謊話，是很幼稚的，他只是想製造假象，哄騙你們，已經兩年了，但你們仍要選擇相信，有些人仍相信貿易戰有轉機。但實在沒可能，我已分析過很多次，中美貿易戰是不可能有轉機的。現在你見到中國反擊，不留餘地的全班人不訪農了，走了，但又會出新聞稿，表示兩方商談有建設性。建設性這個字眼我已聽過很多次，但每次建設性對話後的行動是：加重關稅、不接受盜竊知識版權等等，其實「建設性」背後的意思是談不攏！只要每次中美雙方結束會談時，沒有聯合聲明、共同宣佈某些事或握手擁抱等，都不要相信所謂「建設性會談」。中

美兩邊連飯也不吃就分開，也沒有探訪農民，你認為中國仍會購入美國的農作物嗎？正所謂落了柯打也可以取消，下了訂也可以「撻訂」。就算落了柯打，船在來的路上，中國也可以隨時不要。人在中國，特朗普能耐中國甚麼何。這次是中國存心作弄特朗普，有意在國際舞台上侮辱他。

有聯合聲明才可相信

　　特朗普在早上釋出善意的原意是希望中國赴美之行能舒緩貿易戰且帶來好消息，然後帶動股市。要記住特朗普只有一個目的，並非為了美國著想，也並非為了全世界著想，他

只是為了帶動市場，因為他的民望就是跟市場有關。再看看他晚上的演講，特朗普實在是被中國的人氣到了，頭頂彷彿有煙，然後又說：「其實我都不是太想跟中國達成協議。」從這句話就可知道他的目的只是為了刺激股市。特朗普應該是代表美國人民與中國達成協議，但他卻用了「我」作開頭而非「美國」，露出肚皮來，可見他做所有事都只是為了自己，並非為了美國人民辦事。

你們要分清楚，這件事的原意是為了帶動市場。特朗普藉著釋出好消息給中國，希望中國願意繼續跟他做這場戲，以帶動市場。但中國知道特朗普的死穴，知道他想要帶起股市，便存心跟特朗普作對——走。其實走都不是太大件事，因為中國並非在沒有通知美國的情況下走，但都令到股市下跌。中國一走，道指便跌了259點。這分明是在作弄特朗普。特朗普知道自己被戲弄了，便在晚上發表演講，表明自己並非真的想跟中國達成協議。

傳撤中國企業在美上市地位

你來一招，我又來一招。

2019年9月27日晚上出了一個突發消息，是否成真難說得來，彭博報道，美國白宮考慮限制所有美國公司投資在內

地的相關業務，包括股票，以及會取消中國企業在美國股市的上市地位，以及會限制美國的基金投資在中國股票。

中美貿易戰從來沒有緩和，就算特朗普有時會出來說緩和，但實際是沒有的。兩年前是沒有關稅，但開始加5%，甚至10%關稅，後來又捉了孟晚舟，之後又說華為有問題，又說緩和，然後又說中國對香港有問題，之後又再說較預期更快達成協議，總之消息是沒完沒了。而壞消息一般在收市後爆出，讓大家措手不及。

在這個時候爆出這個消息，雖然可能做不到，但也加劇市場波動。這些措施明顯地就與貿易無關，貿易戰是説農產品及買賣貨品的問題，但現在説的是取消股票上市地位，及不讓美國的退休基金買中國資產，這些對貿易帳沒有影響，所以好明顯與貿易戰無關。但我一直也説，中美從來不是貿易戰這麼簡單，是全面的大鬥法，而美國是會咬著中國不放。

傳不容美退休基金投資中國

報道當中還有甚麼具體內容呢？包括指，美國正在討論壓制在中國金融風險的方法，表示討論仍處初步階段，但會對金融市場沖擊大，會涉數十億的投資，當中可行的就是上文提及的取消中國的企業在美國上市，及不容美國退休基金投資中國股票。

但每次有不好的消息，美國6大銀行都會出來托市。美國尾市怎樣也會回升上去。其實要做這件事不容易，未必可行，反而我陰謀論看是美國跟中國政府「助慶」，你看在時間性上，美國在中國國慶前（周五晚）推出消息，但中港股市沒來得及反應。令我反覆想起，1997年7月1日香港回歸，上天都為香港「助慶」，當晚滂沱大雨，最後的港督彭定康及太太及兩個女兒歡送香港，沒多久索羅斯就策動亞洲金融風暴，風眼就是香港。

這一次一樣，一向沒多人關注中國國慶，但今次很多人都關注會不會出事，因為是關注香港。2019年9月下旬，中國派員到美國談判，也沒有聯合聲明，顯示沒甚麼實質進展，之後連探訪農民活動都取消了，雙方都說是自己取消不去，不知誰在說謊。

未必成真 但說無妨

所以今次特朗普又流些消息出來，令股市抽回上去，全靠6大銀行，6大銀行的錢靠美國人民而來，聯儲局將錢注入銀行體系，由6大銀行去撐市。

8014金融亂局 | 中美鬥法沒完沒了

所以這些事未必是真，因為一執行會很大牽連，但流出這些消息不用成本，會有人信，這就是特朗普的招數。

2019年9月27日當晚，美股是不錯的，升至27,000點左右，但隨後消費者及企業消費指數等數據不好，其中後者跌了11%，表示企業不願聘請人手，支出不斷收縮，所以美股倒插，但臨尾又減少了跌幅。

美國情況會否衰退，除了看債券孳息曲線（也已經出現倒掛），另一樣重要要看的是消費者消費情緒，初初預計會差，所以是消費情緒會開始差，而到後來會是消費者消費指數真的差下來，即市民都覺得經濟真的差了，是真的要減少花錢，然後經濟便開始現形了。

Chapter | TWO
審時度勢

美國
誓保霸主地位

如果要説出路，市場是希望特朗普2020年不能成功連任，而香港問題最好由香港解決，但這兩件事都要時間處理和證明，所以在不穩定的一段時間，人民幣不斷貶值，曾觸及7.2算水平，中美貿易戰是深層次問題，這是民主與共產的鬥爭，正如80年列根時代蘇聯時代與美國，伊朗與美國，共產與民主基本對立，現在中國壯大，給美國很大的威脅，美國這次一定要把中國打垮，美國不會放手也不會手軟。

大選前穩住美股

市場不斷認為中美有機會和解，但我認為美國開出的關稅條件，會由無變有，再可以變愈來愈高，去到30%稅率，也可以去得更高，不過特朗普現在在用出口術這招來控制局面，他只需出口術和利用聯儲局減一次息，已經可以把道指穩住在26,000點，而期間人民幣又不斷貶值。

不讓中國爬頭

　　現在是大美國主義，不容許中國爬頭，現在中國5G技術又贏美國，科技軍事又贏美國，南海又起島，美國不會坐事不理。美國無論共和兩黨都只有一個最大目標，他們兩黨都有一個共同敵人，只要喝倒中國就能有選票，有一日假如中國爬過了美國的頭，成為國家盟主，美國的時任總統便註定會成為歷史中最失敗的總統。

要像打垮蘇聯日本一樣

特朗普已揚言中國準備爬頭，正如80年代的蘇聯，要爬頭的就是壞人，所以由從前至現在，共產黨就是壞人。所以美國國內也有聲音，若特朗普下台可能更大件事，要拖冧中國是美國的國策。從歷史中也可清晰見到，以往的美國，無論是哪黨上台就打壓蘇聯，至蘇聯垮台，瓦解整個東歐共產陣型；當年日本一樣，經濟侵略美國，美國又打壓，日本經濟到現在都翻不了身。

美國要打壓一個國家，內部會好團結，要達到目的才收手，要打壓至垮台為止。現在最壞情況，我相信十分一都未到，因覺得中國的威脅是史無前例，以前蘇聯走共產主義，但走得來窮，美國斷其財路，玩軍備競賽，太空戰，再打阿富汗戰爭，蘇聯不用美國以軍隊對付，早已瓦解；而打壓日本方面，日本也深知美國是其盟友，要倚靠美國保護。但中國不同，中國現在有錢，中美兩國理念又不同，一旦中國超越美國成為全球霸主，美國深知不妙，所以美國會以打壓中國為終生任務，打壓到中國在經濟上變成日本，政治上軍事上要如前蘇聯般垮台，這個問題的麻煩程度難以想像。

審時度勢──美國誓保霸主地位

2.2

中國拋美債 同歸於盡？

　　美國大選完結之前，中美的貿易戰還是會來來往往，兩國關係仍然會傳出時好時壞的，但當大選年完結，倘若特朗普成功連任，更強的戲碼就要來了。

特朗普誓將中國拖垮

　　就算特朗普在之後的大選連任了，都不可再連任，所以屆時特朗普就不會理那麼多股市及經濟了，他會專心打低中國，讓自己名留千史。美國共和黨民主黨的僅有共通點，就是兩者都想讓中國倒下，民主黨都想共和黨加大力打壓中國，如果共和黨現在退步，會被民主黨破口大罵，所以如果中美達成的協議不是對美國完全有利，民主黨就會發聲指責。如果要簽，中國都要有所屈服，兩者才能達成共識，習近平是個強人，也沒可能簽喪權協議，中美雙方面都要妥

協。美國大選前，中美一定沒協議簽，大選後一定會更加難，因大選後特朗普本人已沒後顧之憂，他最後只想要名留千史，正如列根一樣。

欲像列根名留青史

列根在1987年的演説中，對蘇聯的戈爾巴喬夫呼籲：「推倒這道牆！（Tear down this wall!)」列根當時處於東西柏林交界發表演説，慶祝柏林建城26週年，他呼籲戈爾巴喬夫透過開放政策與經濟改革促進國家自由，並推倒柏林圍牆。雖然柏林圍牆不是他任內倒下，但歷史會記得是他令蘇聯瓦

解，他是一位出色總統，用簡單的軍備戰，一夜間瓦解了蘇聯體系。

大家可以想像，列根當時的那種強勢，令人信服的態度，是總統應有的態度，'tear down this wall'是他在柏林的圍牆的演說，但後來才發覺他的先見，他早有意念將蘇聯瓦解。他是在西柏林發表這演說的，他的幕僚也反對他這樣說，但後來證明他是對的。

中國拋美債報復？

還有一不明朗因素，就是中國會否賣美國國債？中國只要出口術說會拋售美國國債，美國國債都可能會大挫。現在市場最擔心中國賣美債，到時最差可能是美國國庫債孳息飆升，中國損人也自損，中國的負債成本會急升；美國也要不斷印銀紙買回國債，其他國家又要買，但息率一抽上，其他新興市場的息率也抽上，公司的信用利差（credit spread）大幅飆升，例如恒大公司原本發債成本是10厘息，可以突然一下子就抽到20厘，倫敦銀行同業拆息（libor）、香港銀行同業拆息（hibor）一下子可以全部爆升。所以我才說金是終極對沖王者，可以對沖以上被引爆而大跌價的所有投資。

各國央行增持黃金

　　我看好金長遠上升，不是升100、200美元，是預計會升至3,000至4,000美元。我們的投資策略也要全部轉，金在1,100美元升上來，只升了30%，還有很大空間。你看俄羅斯央行不斷買金，停了買美國國債，中國都買多了金，很多央行都在儲金，必有其背後意思。

2.3

孳息率倒掛的
必然下場

繼 2007 年後，2019 年初已經開始出現 1 年、2 年、3 年、5 年和 7 年期的國債孳息率倒掛現象，市場當時已在等待其他年期的國債息率倒掛的情況會相繼湧現。

6 至 24 個月內恐衰退

歷史中如果有 1 年和 10 年或 2 年和 10 年的國債利率倒掛，市場便會在 6 至 24 個月內出現經濟衰退情況，過往 11 次經濟衰退，11 次前都有倒掛出現，兩者幾乎是相連體。歷史中亦不斷有人出來挑戰這個言論，大呼「今次是例外」，因為只要他們有一次挑戰成功，他們就可以成功令自己聲名大噪。所以不斷有人話這次是例外的（this time is different），我也認同，原因是 this time is the worst，原因是今次迎來的不是衰退（recession），更是滯脹（stagflation）。

1年和10年期比較最佳

　　眾多國債年期中，以1年和10年的比較，是最佳的研究
倒掛情況的工具。若1年的利率高過10年，我指的是連續四
星期的倒掛，這才確認是倒掛；又或者其中一次倒掛是超過
25點子，才算倒掛。若出現倒掛，期間股票不是會跌，可能
會升了才跌，但股票最終難免下跌，有可能是在衰退前或衰
退中間發生。

圖表2.31 1年和10年債息比較圖

註：若出現負數代表孳息率倒掛

圖表 2.32 2 年和 10 年債息比較

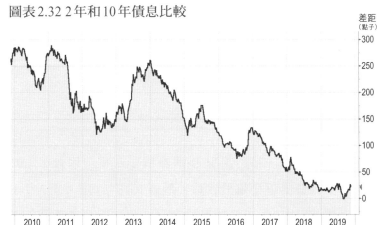

差距
（點子）

註：若出現負數代表孳息率倒掛

要確認連續 4 星期倒掛

2 年和 10 年期國債息率的倒掛情況也值得關注，但就以 1 年和 10 年的比較更值得參考。但如果 2 年和 10 年期的國債息率倒掛出現了，便需要留意更多市場數據以尋求支持並證實市場的衰退情況。同樣，看 2 年和 10 年期國債息率倒掛情況，也要確認連續 4 星期出現倒掛，又或者有一次有 25 點子的相差。

至於 10 年和 30 年期兩者的比較作用不大，但作為參考無妨，主要是用以了解投資者正在預計長遠有甚麼事情發生。而 10 年和 7 年的對比，則沒太大價值研究。

2019年年初，1年、2年、3年、5年和7年期的國債孳息率已經倒掛了。1和10年期的孳息則大概只差10點子左右，十分接近，要給點耐性看繼續下去的變化。

銀紙將會變得不可信

上述我提過，10年與30年期國債孳息率的比較，主要用於啟示投資者對長遠的看法。舉例2018年的5月至7月左右，兩者息率由9點子拉闊至30點子，意味投資者預計未來通脹會升溫，當這個息差孳闊後，經濟可能會出現通脹。我在2018年7月已不斷提，通脹正襲來，但聯儲局表示不擔心，表示通脹不會來，須知道通脹猛於虎，一來就殺到市場一頸血。然而，聯儲局企硬不加息，全世界央行托市造市，但大家要知道，他們不斷印錢，始終有一日令市場不再信銀紙，改為篤信實物，例如買黃金保值。

2018年全世界央行買金好像是紀錄新高，我數十年來只買紀念金幣，投資只買債券，我一向對聯儲局很信任，但由2018年開始覺得金是未來之星，雖然我在銀行的美元存款仍給我逾3厘利息，而美元相對其他貨幣仍然強，而其他歐洲貨幣都不堪一擊，作為歐洲第三大經濟體的意大利，更已宣布進入衰退，如果意大利還債有問題，情況不會像希臘及愛

爾蘭那些相對小的國家那麼容易處理，再者意大利又黃背心又藍背心又紅絲巾運動、澳洲公布的數據也不理想致不能加息，我真的提議不了任何值得持有的其他貨幣，所以不如持有黃金及持有美元。

2.4

中東局勢
繃緊

　　特朗普與美國一眾官員，愈來愈讓人發覺他們的不濟。特朗普自以為是個外交談判專家，但明眼人一看，特朗普和北韓談不攏、和中國也是，甚至對伊朗也是。特朗普單方面以為各國都很想和美國談判，實情根本不是。

伊朗攻擊油輪及無人機

中東局勢時常緊張，其中美國和伊朗的關係問題，由來已久，加上面對沒有將法的特朗普，中東局勢更加勢成水火。

自從 2019 年 6 月 13 日兩艘油輪在阿曼灣遭攻擊起，美國與伊朗的緊張關係就持續升溫。美國批評德黑蘭蓄意發動攻擊，但伊朗否認。到 6 月 20 日，伊朗擊落在零爾木茲海峽的一架美國（RQ-4）軍用無人偵察機。後來特朗普針對事件的發言，能看得出美國要和伊朗談判，不想打仗，不過美國要求伊朗結束核武計劃，及彈道導彈計劃，又要伊朗表態不支持國際恐怖主義，並要停止所有在世界各地的惡意行為。

特朗普發動經濟制裁

特朗普天真地以為只要進行談判，伊朗能承諾全部不做。伊朗應該會以為特朗普是傻的，伊朗擊落了美國的無人機，美國都沒有出聲，人家就是看你不敢亂來。伊朗才不想談判，於是特朗普發動了新一輪制裁措施，凍結伊朗的領導人的資產，當中會被凍結資產的包括伊朗的最高領袖哈梅內伊，以及 8 名伊朗高級軍事指揮官，包括曾在 2019 年 2 月威脅封鎖霍爾木茲海峽的一名伊斯蘭革命衛隊海軍司令，以及下令擊落美國無人機的空軍司令。

只凍結資產沒殺傷力

　　特朗普這些舉動輸出了甚麼訊息呢？就是人家伊朗攻擊了油船、擊落了你的無人機，但美國都不敢還擊，只敢制裁他們，只敢打擊伊朗經濟，但其實伊朗經濟已經很差，正如一個乞丐都已經沒有錢，你打擊他的經濟都沒用。特朗普説要向伊朗施壓，説是為了盟友，為了1.3億美元的無人機被擊落，事實是美國認定了這些都是恐怖組織的舉動。美財政部向伊朗國家及官員作出制裁，向他們擁有或控制的任何一個實體制裁，鎖定其數十億資產。伊朗大使重申，制裁不符合

國際法律。我個人看，最新的制裁沒重要意義，對伊朗經濟沒重大打擊，上述行動主要是禁止這些人或與這些人相關的機構再有任何商業往來。

與此同時，特朗普發出制裁後表示，會尋求組織國際聯盟來保護波斯灣航運安全。美國國務院官員話，盟國將向亞馬灣地區派遣船隻，當觀察員角色，阻止伊朗發動襲擊。美國方面強調，他們不是要開火，是去拍攝伊朗人照片。我確實覺得很奇怪，用相機影相可阻止別人襲擊？現在對付的是恐怖份子，而不是小孩玩玩具呢！

特朗普的要求 伊朗不可能做到

美國出動這些制裁，是希望打擊伊朗的外交能力，美國凍結這些人在美國的任何資產，及禁止他們進入美國領土。若任何人和這些人有商業來往也有制裁風險。相較全面衝突而言，這些措施只是一個姿態，對伊朗沒甚麼影響，這些制裁只是小方面影響伊朗經濟壓力。伊朗民粹主義抬頭，伊朗內部也會宣傳及強調美國對他們國家怎樣不好，有可能令美伊衝突升級。

美伊關係惡化成敵人，美國常說談判，但伊朗沒打算談判。還有兩個官員會受到制裁，包括伊朗前外長，現在和俄

羅斯有不少外交活動進行中；另一個伊朗對外戰略委員會負責人。伊朗隨即作出反應，指美國對伊朗領導人新制裁，已經關閉了外交大門，並威脅全球的穩定，因美國再一次努力建立反對德黑蘭的全球聯盟。伊朗總統魯哈尼指，新制裁令人憤慨及是愚蠢的，哈梅內伊雖是伊朗政治領導人，但他也是什葉派穆斯林領導人之一，即恐怖份子，指任何一個國家政府有智慧都不會制裁一個國家的領袖，他指美國特朗普想要和伊朗談判，是顯而易見。美國想和人家談判，需要放低武器，如果想談判但制裁外交部長，是互相矛盾。特朗普對北韓，對中國都傾不來，對伊朗又是這樣。

美國要伊朗做四件事，第一要伊朗結束核武計劃，第二要取消所有彈道導彈計劃，第三要結束國際恐怖主義，第四，結束在世界各地的惡意行為。伊朗的人覺得特朗普是痴人說夢的，伊朗沒可能會答應。美伊關係不見曙光，中東局勢會繼續緊張。

阿根廷的
無限輪迴

　　阿根廷讓我想起美斯及馬勒當拿，不過這幾十年，阿根廷除了讓人想到足球，還有的是阿根廷和金融危機互為緊扣。

　　在這幾十年，阿根廷的金融體系出現很多問題，但在2018年前，這個地方經濟發展不錯，很多天然資源，也出售很多牛肉，天然資源豐富。曾經有人想過，下一個國家崛起的會是美國還是阿根廷，曾經是這麼厲害的國家，但為何今時今日要借錢度日？

　　1998年，受亞洲金融風暴影響，美國對沖基金長期資本管理公司（LTCM）因投資失利而爆煲，要聯儲局與銀行聯手出手相救，以免影響美國金融體系穩定，後來令美國需要減息來刺激經濟，然而減息令資金相繼湧入資產市場，推升資產價格，亦令美國科網股後來在2000年時爆破，其後美國再減息，以挽救經濟。

禿鷹基金咬著不放

試想像一下，97亞洲金融風暴的影響尚未過去，又來一個科網股爆破，因而令全球新興市場情況轉差，無論亞洲以至南美洲資本市場，無不當災。到2001年，當時拉美國家阿根廷由於經濟持續衰退，這個國家亦爆發了金融危機，阿根廷貨幣貶值六成以上。當年俄羅斯也有爆煲，然而俄羅斯爆煲救了香港，因為索羅斯投資了很多錢在俄羅斯買債券，因而輸了很多錢，再沒有足夠資金打倒香港，香港才能成功打大鱷。若當年俄羅斯不是違約了，索羅斯有足夠資金打香港會是很大的事。

2005年至2010年，阿根廷政府進行債務重組，當時阿根廷政府成功與超過9成債權人達成舊債換新債方式，以減輕債務。不過，以美國避險基金NML Captial代表的一些投資者不願接受方案，並透過國際訴訟，要求阿根廷全額支付違約債務，這些基金被稱為「禿鷹基金」。阿根廷政府為了償還這些債務，就更加雪上加霜。

這些禿鷹基金咬著阿根廷政府不放，鬧上法庭，兩基金勝訴，阿根廷政府在2014、2015年要還錢，令整個國家外匯儲備壓力很大。然而，基於阿根廷是一個有很多資源的國

家，很多國家都想幫阿根廷緩解財困，其中中國及國際貨幣基金組織（IMF）都有出手相助。中國走出來救阿根廷，建立貨幣互換機制，用大批人民幣換了阿根廷披索，阿根廷披索其實不值錢，中國的用意只是想幫阿根廷，阿根廷用這些錢換了外資，解決燃眉之急。中國幫了這些國家，是一些賑濟，沒打算要阿根廷還錢，但阿根廷不只獲得中國的幫忙，向其他機構借的錢則要歸還，例如 IMF。阿根廷欠下很多這些債務，其違約的情況會不斷發生，IMF 借給她的錢，只能讓阿根廷拖延壽命，卻沒有實在解決到問題。

阿根廷披索一厥不振

　　阿根廷的問題令她很多年都未能成功發債集資，然而去到 2017 年，阿根廷終於多年後能成功發行一批債券，這批債券在 2018 年的息率大概是 7、8 厘，我在 2018 年 2 月就說過，阿根廷的債券能發出來，表示金融危機殺到，是資產泡沫爆破訊號，原因是阿根廷是個多次違約的國家，最多也應該只能發短期債，但那一次阿根廷是發 100 年長債（century bond），而且發債息率不足十厘，十分之低，反映市場投資者不理風險，盲目購入債券，非常投機，也反映市場的不理智。鮑威爾 2018 年年尾扭轉局勢就是停止加息，但這是錯的決定，只會將泡沫拖延，果然 2019 年泡沫再次興起，停止加

息甚至減息只會將泡沫繼續谷脹。之後爆破的話，情況會比2018年更差，因為泡沫更大。

那次發債是一個訊號，果然2017年11月發完債後，2018年2月市場就出現爆破，爆至12月緩和，之後資產再度膨脹，現在這批債會升，因為新興市場債券瘋狂，即重複2017年初至2017年尾的情況，我們現在只要等，等到美國減息至零，這些債又會爆破。

阿根廷披索在2019年9月時，是1美元兌42元披索，亦曾觸及47左右，；而2017年時，是1美元兌15元披索，貨幣在兩、三年間貶值了3倍，難以翻身。如果你以披索買入阿根廷債，就算債券付10厘息也沒有用。阿根廷的本地生產總值（GDP）2014年是負增長，2015年正增長，2016年負增長，2017年正增長，2018年繼續低位徘徊。而通脹（CPI）則是逾50%。

當8014大爆破，很多新興市場國家都會出現如阿根廷這樣的情況。當爆破的時候會十分嚴重。不過當然也有很多分析師說，今天市場的管理比從前更完善，不會牽連那麼廣，但你有張良計我有過牆梯，落後國家如委內瑞拉及阿根廷等，無所不用其極，這些國家以債度日，以新債還舊債，加上發債的錢實際去了哪裡你能知道嗎？這些國家的問題可能

比我們認知的大得不能想像，當這些國家出現問題，很難不會牽一髮而動全身，其他國家也很難完全不受影響。

於這些不明朗的情況下，我絕對不會碰觸阿根廷、委內瑞拉甚至哥倫比亞等國家的債券，這些國家不還債是多麼容易，今時今日我一定不會碰這些國家的債券。

FRANKLIN

2.6

NBA 引起的
軒然大波

美國男子職業籃球聯賽（NBA）休斯敦火箭總經理莫雷（Daryl Morey）在推特（Twitter）的發文，又引發中國人民的玻璃心，在中國引發軒然大波。

撐香港貼文惹圍攻

事原莫雷在2019年10月初在推特貼出一張寫有「Fight For Freedom, Stand With Hong Kong」的圖片，後來卻極速刪除有關貼圖，並道歉，稱自己不代表NBA。NBA總裁蕭華（Adam Silver）則強調會堅守言論自由。

莫雷的言論令中國不滿，中國中央廣播電視總台（CCTV）和騰訊宣布暫停新賽季的兩場NBA中國賽轉播，不過雖然很多聲討之聲，但NBA中國賽上海站，湖人隊與籃網隊的比賽仍照常進行，更座無虛席，大批中國球迷仍然到場

捧場。騰訊其後亦偷偷恢復NBA轉播，當然又惹來一些網民批評騰訊「彈性愛國」。

美國紛發聲捍衛言論自由

其他人又如何看呢？特朗普認為，NBA會自己解決困境，但也點名批評一些球隊只為討好中國，卻不尊重自己的國家。美國前國務卿、民主黨的希拉里都表示支持莫雷的言論，認為每個美國人都有權表達自己的言論，每個人都可以表態支持香港民主和人權，這是無容置疑的。

FRANKLIN

賺錢好還是民主好？

　　這個世界的人經常想賺快錢，全世界在養著很多懶人，只想著只要得到中國的贊助就發達。這次風波正好反映，今次的死穴是全世界太倚賴中國，看著中國的臉色做事，這些錯誤在伯南克QE時期的錯開始，中國就不停在很多地方落地生根，例如NBA便是得到很多中國贊助。

　　如果要和中國做生意，就要表明立場是重視民主（pro democracy）還是反對民主（against democracy），美國參眾議院共同目標就表示‘NBA, whyputting cash over human

審時度勢｜NBA 引起的軒然大波

right'（為何把錢放在人權之上），政客十分強調，沒有人可以令美國人說不能說的事，美國人有自由表態支持香港人，及支持支持民主的人。美國聲稱是民主國家，擁護民主自由，中國用其經濟威力令批評她的人要收聲，現在甚至牽連至美國了？但美國應該帶領言論，而且不讓美國公民給欺負。

不過每當美國有人談論到香港的問題，都會觸動中國神經，令中國官員以至人民都十分敏感。美國總統特朗普在10月中見傳媒時表示，和中國副經理劉鶴在白宮見面，指兩國達成貿易協議對香港是正面，又話相信香港的示威可以靠自己解決，普遍評論認為特朗普出賣香港人，認為特朗普是以不在香港問題上幫忙，以換取和中國達成若干協議。特朗普選了最容易的方法去處理跟中國的農產品貿易問題，說來說去就是處理簡單的，不是核心的問題，不關高科技問題。但美國紐約時報頭條指，與中國打交道是不值得的，因為要付上道德代價。指出中國貪污問題、腐敗問題沒有改進，NBA問題就是一個例子，短期有利益，但長遠輸了信譽，只會得到短暫利益，因為很多事會受到中國控制。

這幾十年，和中國做生意確實是easy money，但世上no free lunch，你要了多少，要還多少。有關中國的問題就要shut up，你要選擇。美國到底要錢還是要道德？

香港賺快錢年代不再

　　香港就是另一例子，回歸之後，香港特首經常強調要背靠祖國，靠自由行，開藥房，開金舖，走進店舖服務員跟我說普通話，近十多年，我去百老匯、豐澤買東西，服務員都跟我說普通話，知道我不是說普通話，即刻換了一個服務員妹妹招呼我，看不起香港人，認為做香港人生意麻煩，相反中國人甚麼也不問，付錢就是付錢，這些就是賺快錢。現在藥房和金舖一間間倒閉，沒有自由行就撐不住。

　　我希望回到過去的光景。我十多年前，到一間我吃了十多年的餛飩麵店，老闆娘當時有一天跟我說，要關門大吉了，因為做不住了，我叫她繼續經營，就算他加價一倍，加價20元我也會食，但老闆娘無奈說，因為有間鐘錶店以4倍租金來要她的店舖。

　　我實在有點慶幸現在香港回復以前的光景，少了些內地人，不想香港入醫院生仔都沒床位、奶粉沒得買，行街通街是行李箱，吃餛飩麵要四五十元一碗，十多二十元都沒有了，銅鑼灣全換了珠寶店、藥房，用以欺騙內地人課金。實

在做旅遊不是這麼做，是帶人去實在的景點，不是欺騙人消費，所以要撥亂反正，不是這樣做。

香港不只是黑天鵝，更加是一隻又黑又肥的天鵝，香港的事牽連甚廣，任何一個人或一個國家為這件事發聲，都可以引起牽然大波，所以這是動盪難安的時期，香港事情一日未能解決，情況都不樂觀。

2.7

美國大選前
爆出「通烏門」

美國2020年大選年，大選年前夕，核彈級的政治醜聞不斷爆出來。繼「通俄門」後，特朗普又爆出「通烏門」，而且國會已經啟動彈核調查，且看今次特朗普又如何拆彈。

特朗普叫中烏查拜登父子

事原中央情報局（CIA）收到匿名者告密，指白宮有意將烏克蘭總統澤倫斯基（Volodymyr Zelensky）的訪美行程，以及美國近4億美元的對烏軍事援助作為籌碼，以換取烏國調查民主黨總統參選人拜登（Joe Biden）及其子亨特（Hunter Biden）曾在烏國天然氣巨企爭議中涉以權謀私的傳聞。

通烏門的影響力，應該要比通俄門嚴重，有調查亦反映，爆出通烏門事件後，特朗普的支持率逆轉，通俄門事件，好歹是特朗普上場前的作為，但此次通烏門若是真的，

就是特朗普喪權辱國的行為，利用總統權力對外謀求自身的政治利益。

「通烏門」令特朗普支持度降

除了叫烏克蘭調查，特朗普更促請中國也介入調查拜登父子，指他們在中國也有涉嫌貪污問題。特朗普的所作所為，明顯就是要在大選前將拜登拉下來。拜登現在的民望領先特朗普，暫有51%支持率，特朗普指拜登父子在中國貪污，叫中國查拜登，我只可以說一個人去到末路，甚麼事也可以說。

　　說實在，如果要查拜登父子，特朗普就自己查，因為讓中國查到拜登有罪，定了他的罪又如何？不等於在美國也有罪。特朗普要查貪污便自己查，不是中國替你調查，兩國司法制度是不同的。外媒有報道說，特朗普6月和習近平通電話，說如果中國查拜登父子，特朗普便會在香港問題上放軟手腳。事實上，如果特朗普下台，民主黨上場，後者對中國的手段更為強硬。

　　特朗普面對拜登這個強勁的敵人，想一個一個打低。你看梁振英就知道，他當年也可在劣勢中拖垮唐英年，就如特朗普竟然也能打低希拉莉。我是香港人，但也痛罵特朗普，他絕對不是一個正直的人。世事不能估到，只可說下一屆無論誰上場，美、中，港都是陷於苦戰。

FRANKLIN

Chapter | THREE
全球大洗牌

香港成為
黑天鵝

　　自從出版第一本書後，我的觀念一直沒有改變，我是看淡全球經濟前景的。我說的是一個年代的事。現在是民粹主義興起的時候，你看特朗普上場就證明了這一點，是民粹主義的開端，還有法國的「黃背心」示威、被稱為「巴西特朗普」的巴西極右政黨博爾索納羅當上巴西總統，及阿根廷新近推出了的外匯管制，這等等都是民粹主義抬頭。香港會不會有一天也會出現這個情況呢？誰說得準呢？

香港資產不再安全

　　阿根廷9月1日起實施資本管制，資金如是美元，要匯出阿根廷是有管制的，這個情況不能忽視，因為這個情況在歐債危機已經出現過，希臘和愛爾蘭當時的美元資本是流不出國，以我認識的朋友和投資銀行家已經說，現在很多人都在

88

換錢，我自己本身也是一仙港元也不持有，全部換為美元，下一步會把資金移出香港。試問一下，如果你有錢、有海外戶口，問心你會否把資產流在香港呢？現在也愈來愈多外國評論員表示，香港的資產都不可以再持有，包括股、匯、樓，都建議要全部清貨，因為大家都不知道香港的情況會壞至怎樣。

香港是中美磨心

我在我第一本書已說過，香港會是中美貿易戰的風眼，果然給我命中了，因為香港是民主與共產之間的橋樑，中國要利用香港籌集資金和發展資訊科技，把高科技帶入中國；而美國亦要利用香港做生意和中國搞好關係。但現在兩國在「打仗」，爭霸主之位，大家都要打對方最弱的地方，因為最弱的地方是最容易打，'A chain is as strong as its weakest link'，即是無論你本身有多強大，一樣事情要成功，都需要每一個部分的成功，如果最弱的倒下，那全盤事情都會倒下。香港現在正正是中美打仗的磨心，只要香港倒下，美國就會贏。

危機一觸即發

1997年發生亞洲金融風暴，百富勤投資當時向印尼一家計程車公司提供大額無擔保貸款，以換取為該公司包銷一筆高息債券，但後來在市況不好的情況下，該計程車公司發債不成功，令百富勤也因此陷入財務危機，也最終令百富勤逃不過清盤命運。百富勤一事，提醒大家一件事，現在我們只需一樣能觸發和引爆事情的事，就能帶來嚴重問題甚至結果。當然現時香港已是焦點，被標籤為黑天鵝，正如以前的

意大利、西班牙，法國那些，如果香港不能和平解決當前的問題，將會是引致這個世界衰退的黑天鵝。

香港馬照跑？舞照跳？

鄧小平1987年時曾經說過，「香港馬可以照跑，舞可以照跳」，不過隨著反修例事件的發哮，估不到香港現在連馬都沒得跑、連飛機都無得坐，就連渡海小輪都說不讓人過海……為何會弄成這樣？從前說香港人魚翅撈飯，現在好像已沒有這隻歌仔唱，好像香港人生活情況差了，是甚麼回事把

香港這個本來算是容易管治的地方,弄得一塌糊塗?真的要問問領導香港的人,為甚麼會弄到這個地步?

1997年之前,曾經有人跟我說過,不要去新加坡,因為李光耀不可以被罵的。我在97年前便曾經說過,如果有一日我們不能在公眾場合說政治人物,就是很糟糕。不要說在公眾場合,現在我連在家也不敢說,想說句公道說話也擔心,也有窒礙。

港股成交萎縮難以為繼

另外,你看香港現在的情況,我估計香港的經紀很快便會執笠,現在香港股市成交萎縮,每日成交只有500多億元,怎樣可以維持一眾經紀的生計呢?香港的基金都面臨「玩完」的邊緣,美國最有錢的人都把錢全都提出來,寧願全持有現金。我經常叫大家贖回資金,你要知道經紀一定會繼續幫大家投資,因為他們不做事不行,就算蝕錢也要繼續做投資,所以大家要注意,錢是你們自己的。我本人就全轉為美元,一元港元不留,我經常跟大家說,不要打算去捉住一把正在落下的刀(Don't catch a falling knife),否則受傷的都是自己。

圖表 3.11 港股走勢

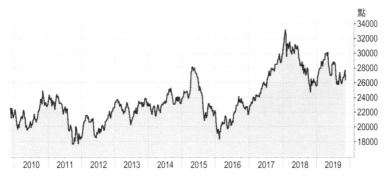

債務泡沫
史無前例

由2007年QE開始，自從聯儲局前主席伯南克和格林斯潘都在國會表示，美國的銀行沒有問題開始，那一刻就引發很大問題，而聯儲局不停以低息環境和印銀紙救市，我一直指伯南克媲美希特拉，伯南克是今世的極大魔頭，他引發的問題與希特拉相比擬。

伯南克弄出來的惡

希特拉引致第二次世界大戰，而伯南克分分鐘引來第三次世界大戰，因為他引發的是令全球性金融轉變其運作方法，他令這個世界有負息，是人類世界從未出現過，令大家陷入前所未知的領域，令貧者愈貧富者愈富，還有這10多年至今，由2010年到現在，股票猛漲，窮的人得不到任何好處，人工沒有怎加，但富有的人、大財團的行政總裁、銀

行家，蘋果公司的高層等等，因不斷有便宜的錢從市場拿回來，回購自己公司的股票，有認購股票期權的人都能發達，變了財富大轉移。從前年老那批人士，仍可以收息養老，但現在把錢存到銀行都沒息收，那唯有將錢買股買樓，卻令資產市場泡沫，現在是等泡沫爆破。現在市場的這個泡沫，我形容是債務泡沫（Debt Bubbles），這個泡沫是史無前例般大，沒人可控制得來。

正所謂上樑不正下樑歪，由政府階級至平民百姓，尤其美國那批人士，借錢已是常態，先使未來錢，借錢幾乎不用給利息，甚至可能在負息環境下還有錢收，那麼誰會傻得去買負息的以歐元計價的歐洲國債（Euro denominated bonds），即是說如果你買德國債券，還要你付額外的支出以持有德國債券，你真的會去買嗎？你說這個世界能出現這些事，怎會是正常？

國庫債券首當其衝

這次的債務危機比資產泡沫更嚴重，因債務危機一旦引爆，第一樣會抽升的是國庫債券，這是全世界的命脈，沒有一個市場是大過全球央行國庫債券，美國國庫債一爆，全球國庫債券都爆，全球國庫債券一爆，企業債全部大冧，沒有人會再借到錢。

那為何國庫債可以是負息？我陰謀論看，是央行要聯手將債息降低，因債務已經太大，要將自己央行實力壯大，就是發債，發債發得多全世界要看我做事，還有央行是最後的王牌（last resort），也是最後的貸款人和借款人，即當市場有甚麼事，就出來借錢和買貨，所以央行要把自己勢力壯大，而只要透過不斷發債，而且還不用付息，才可令勢力愈來愈大，原因是在沒有成本下，發多少債也可以。

　　在一片混亂之下，市場的資金全部瘋得把全部錢遷至有避難性質的投資工具，包括避難四寶：黃金，美國國庫債，

日圓及瑞士法郎，而當中在9月中，升得厲害的就是黃金和美國國庫債，然後日圓追落後，瑞士法郎就大落後。

其他國家減息比美國狠

這是骨牌效應，美元現在減息的原因，是特朗普要美元弱，有利出口，股票也會升，但市場是「你有張良計我有過牆梯」，當美國這樣做，中國就先讓人民幣貶值，而不首先減息，是以人民幣貶值以抗衡美國減息，其他央行見狀照減，甚至比美國減得更厲害。當美國在2019年7月31日減息25點子，紐西蘭一下子減50點子，其實那次鮑威爾應該一下子減息50點子，才能糾正那時的孳息率倒掛曲線（inverted yield curve），那次的減息力度不夠大，但美股仍然創新高，不過聯儲局做事也總不能違背所有因素，截至2019年9月，已減息兩次，市場現在是預期美聯儲要減息5次，不過，美國有減息這本領又如何？當美國減的時候，其他國家也會減。其他國家也會想，美國經濟那麼好都減息刺激出口，那美國是在逼其他國家貨幣升值，所以當美國減25點子，其他國家便減50點子；而當美國減50點子，其他國家就減75點子，大家鬥劈息。

你能注意到，特朗普常批評鮑威爾要減息，美元都沒有動彈，因為每當美國炒減息的時候，其他國家比美國減得更加厲害，所以美元反而變得愈來愈強。所以國家的息差會一直維持，甚至擘闊。你要知道，美國現在是 G7 中經濟最好的一個國家，其他國家都要生存，沒可能甚麼也讓美國專美。

圖表 3.21 人民幣兌美元走勢

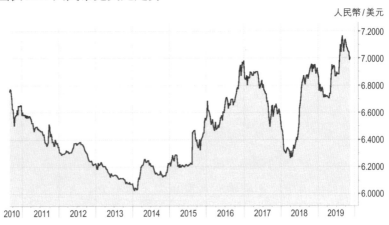

破產終局
才能重生

　　我一直在說的，都是一個年代的事，你要有耐性，才能看透全局。舉例1997金融風暴，1920大蕭條都是在說以年代計的事，不是一年、兩年的事，不要太短視，不要看一年，我是在看一個年代的事，很多事情都需要時間一路慢慢發酵，一步步演進。

央行企業註定無法還債

　　大蕭條在1929年出現，至1939年才是大戰，中間資產市場起起跌跌，直至打完仗；2008年發生至今的事，也必註定要經歷大洗牌才可以重生，央行及企業都沒辦法還債，他們現在身負的巨債都必然要一筆勾銷，市場要全面大清洗，才得以重生。過程是痛苦的，但也是必然的。

如經歷過97年金融風暴的香港人就知道如何重生。當負資產之後及破產之後，一個浩劫發生後，你要保存實力及堅毅才能翻身。我們作為人永遠可以重生，不可以說破產後不讓你翻身，只要和債權人達成協議，經過苦楚可再發亮，每一次挫敗或成功都是一個鍛煉，是上天給你的鍛煉，會令你更堅強更有智慧。現在年青人經歷的，有好好的鍛煉，過到這個難過關，將來都能捱過。

大中小型公司皆需破產

當然到爆發8014般的金融大爆破，大中小型公司都要破產，2008年那堆殭屍公司應該一早破產，卻讓他們不停繼續生存，日本90年代時都是這樣，日本零息這麼多年沒有好過，歐洲零息6、7年也沒幫助，市場始終一日有堆殭屍公司在，這堆公司還不到債，要一直養住他們，必定拖冧其他機能好或沒有問題的東西。

高負債國家要違約

所以諸如阿根廷，這些負債高的國家，全部都要違約，一些債權人如國際貨幣基金（IMF）當然損失很大，但一定只有這樣的出路，IMF都是央行滋生出來幫這些國家的東西，

作為新興國家出現很多問題，都是時候需要反思，人民不可借貸度日，政府貪腐思維需要改變，不能再先洗未來錢。新近有調查顯示，如果你要找一個美國人，突然拿400美元出來應急，75%美國人是拿不出來的，證明他們借錢都借得很盡，要清還的卡數很多。美國有報告顯示，美國的汽車及珠寶等銷售下滑，證明中產沒能力消費，我最擔心是中國拋售美國國債，倘若發生，就沒法預計會亂到甚麼地步。

當然要將一切推倒重來，過程會是痛苦的，但你看美國經歷2007年次按（subprime）危機後，現在美國經濟也在回復，所以說衰落不會是一輩子的，是有翻身機會的。當然如

果投資者一直沒有做高風險借貸，持有現金其實不會有事，唯一有機會出事是銀行倒閉令存戶蒙受損失，這些事是有可能發生的，正如恒生銀行80年代擠提，滙豐銀行注資相救，而香港政府現時設有50萬存款保障，所以除非香港政府自己也倒下，否則也不至於血本無歸。

現在的問題不是只在經濟上，不是2007年的經濟層面，而是政治民族民粹主義抬頭，是社會的核心理念之爭。我估計最壞可能是各國戰爭，美國不只將華為聯繫在貿易戰線，特朗普也不斷提香港的事要得到和平解決，然後再講中美貿易戰，即他將兩件事綑綁，綑綁在一起的意思是要中國處理好香港的事，處理得宜才能傾貿易戰，否則就一切免談，現在著實看中國如何處理香港。

WORLD TRADE ORGANIZATION
ORGANISATION MONDIALE DU COMMERCE
ORGANIZACIÓN MUNDIAL DEL COMERCIO

到底這個世界推倒重來的嚴重性會到甚麼程度？有人説會出核彈，有人説會有軍事戰，還可能有仲裁團體走出來。其實大家都是瓷器，中美英都是瓷器，美國軍隊死一個人都會好大件事，所以結果不好推測。而金融新秩序，可能會有個新的國際貿易組織（WTO）走出來，訂出新規矩，可能不再容許高度借貸，其實經濟層面是相對易處理，可能有些仲裁組織出來，例如阿根廷沒能力還債，不如破產，或還十分一，然後把債務一筆勾消，100元能還10元就是10元，再多也沒有。

Thomas Cook 倒閉的啟示

　　創辦178年的英國旅行業始祖Thomas Cook集團在英國宣布破產，旗下所有航班及旅行團已全部取消。Thomas Cook無論在旅遊及消閒方面都是享負盛名，在英國無人不曉這間公司，這公司在全球僱用二萬二千人，而這所公司倒閉帶來市場很大震驚。

　　對於歐洲市場來說，這間公司有多大呢？因著Thomas Cook的倒閉，全世界60萬旅遊人士受到影響，這間公司就相當於香港的新世界發展或恒地這些多年大企。即是如果你持有Thomas Cook的股票，都自覺是好穩陣，情況就如歐債危機之前，你持有萊斯（Lloyds）、巴克萊（Barclays）及當時的蘇格蘭皇家銀行（RBS），以及花旗銀行（Citi），以為一定不會有問題。

Thomas Cook倒閉消息一出，於歐洲三點多的時間，美國道瓊斯指數期指原本在升百多點，後來消息出了之後，轉為倒插百多點，表明對市況影響是很大的。歐洲市況亦受影響。

　　現在說的不是一間細公司倒閉，是一間老字號公司，是深入民心的公司。Thomas Cook就好像American Express這些家傳戶曉的公司，大家都認識的公司，沒有人想過會倒閉，Thomas Cook是上市公司，他不是康泰的規模，正如當年滙控跌至33元，很多投資者也不敢相信，接受不了是事實。

CNBC報道都指，這間公司有自己的酒店，航線及渡假村。每年在16個國家接待1,900萬人，到他們倒閉前，有60萬人已離開了自己本土國家，即正在行程中，正使用他們的服務。現在各國牽涉的政府，都跟保險公司洽商中，以協調出一個重大拯救方案，幫助這些受影響的客戶。這班客戶被滯留了在其他國家，沒有辦法歸家，甚至可能酒店都不能入住，因為Thomas Cook的度假村直接不招待，把客戶趕走，很多人受到很大影響。

情況尤如英國的萊斯銀行，出現了問題，投資者也不敢相信，我記得當時我跟一些投資經驗很老到的朋友傾談，還問他們萊斯銀行的債券值得買與否，我朋友還說當然十分值得買入，這間銀行不會倒閉，是十分穩健；我又問朋友蘇皇如何？朋友也說絕對沒有問題。怎麼知道後來一間一間接連出事，蘇皇最後是要政府出手，也被收購。這些事都是歷歷在目的，當市場要出事時，你會知道沒有甚麼沒有可能。

9月中德國出了採購經理指數（PMI），為41.1，8月份的時候是51.7。大家都應該知道，PMI以50為盛衰分界線，跌低於50代表指數正在收縮，是一個不利訊號，可以跟大家説，德國的工廠情況這10年以來都未試過如此差，數據顯示德國的工廠收縮得頗為厲害。而此時一波未平一波又起，

Thomas Cook倒閉後，隨之又來德國這個數據，市場不太接受得來。

　　Thomas Cook的歐元區債券，有些是2022年才到期，票面息率6.25厘，現在跌價70%。雖然跌得很厲害，但不要認為沒有人趁機買入，有很多不怕死的投資者會打算趁低吸納，覬覦有白武士拯救，令債券可以彈回上40、50元。你說這個市場是否很古怪？你以為無人會買的債券，其實是會有人買的。不過如果你手上已持有Thomas Cook的債，要想賣出又不是那麼容易，因為債市主要是場外交易（over the counter），透明度不是很高，你打去券商那裡表示想賣債，券商也可能會告知你沒有買家開價，就算你想以低一些的價錢賣出，但券商會告訴你問題是沒有買家，所以當Thomas Cook的債券跌了70%，這隻債還有否成交都成為問題。Thomas Cook還有一隻2023年到期的債，票面息率3.875厘，下跌了60%。

　　英國目前的失業率為3.8%，即人數大約有百多萬人。而Thomas Cook的倒閉會令失業大軍增加，而且不止Thomas Cook這間公司，還會牽連其供應商、其他聯營公司，是有骨牌效應的。英國本身脫歐的事未處理好，外來投資已經少，再加上Thomas Cook的倒閉，實在是雪上加霜。

我說這麼多，重點是想帶出一個訊息，就是其實我在2018年年初已經不斷在發出警告，我們正處於金融風暴之中，身在香港也應該會感受得到，老牌公司會相繼倒閉，而且Thomas Cook也不是近來第一間公司倒閉，玩具反斗城也倒閉，只是Thomas Cook的規模實在太大，就是我們常常以為的「大得不能倒下」，他就真的倒下了。

我深信還會有更多大公司會倒下，我也奉勸大家不要把錢全放在證券行，因為每每在這些風暴中，都有證券行會倒閉，因為現時惡性競爭太厲害，現在已有報道指有很多證券行都是在虧損中，在掙扎求存，預計會有不少證券行在年底

倒閉，甚至大型的券商也絕對有倒閉的危機。這些事會發生有甚麼出奇？從前我們也認為花旗銀行不會有危機，雷曼兄弟「大得不能倒下」，但結果呢？所以如果會再有大型巨企倒閉，又有甚麼出奇呢？

大家還記得新昌集團嗎？一間老牌建築公司，對一些上年紀的人來說，更加是特別親切，因為在街上經過建築地盤，都貼住新昌標誌，給人印象十分穩健。所以新昌發行債券，不少人也會認購，我記得息率大概是8厘，不算高的。但後來情況逆轉，息率飆升，他的發債成本也升至數十厘，然後其債券有人開價放售但沒人買。而2019年頭這間公司再借7,000萬重組，顯示這間公司有不少問題。

我也認識一位私人銀行家，他在次按風暴爆發之前持有雷曼兄弟的債券，這位銀行家當然不是貪心，而且雷曼的債券當時並不高息，其實是很穩健的。雷曼兄弟出事是很突然的，當其時這位銀行家都賣不走手上的債券，唯有繼續持有。但當價格一直跌一直跌，希望便愈來愈少，而最後雷曼的結果如何，大家都應該知道了。

另一間值得記下的，就是通用汽車，大家也會一直認為這間公司非常可信，不會出事，但2009年的次按危機，也令通用汽車陷入財困。我想帶出的是，在經濟大爆破時期，不

會再有必然穩陣的公司，大家不要再有迷信認為自己可以好了解這些公司，而這些公司必然不會出事。事實是，所有公司都有可能出事，沒有大得不能倒下的事，而這些公司的倒下是會一次又一次推翻你一直以為及信奉的原則的。

還有一間加拿大著名電訊設備供應商北電網絡（Nortel Networks），如果早三十年前我話這公司會倒閉，一定有人說我是瘋子，原因是加拿大全個電訊網絡都是由這間公司鋪的。就正如香港電訊，香港沒有人不認識，沒有人會信香港電訊的股票會冧，全香港的電訊網絡這間公司都有份鋪。八十年代的時候，你說這公司股票會冧，根本沒有人會信，但李澤楷也可以一下子令他冧下來，以前這公司也是很多人的愛股，用來作為老本，那批老人家都血本無歸，很可憐，情況就如滙控一樣，不少投資者買入是打算長期持有收息，以收息養老，但也因為這些原因，很多人沒了全副身家，所以很多事情是沒有原因的，可以一下子就襲來。又例如思捷環球，曾經是基金愛股，但你一世也不用憧憬，這間公司的股價不可能回到從前的130、140元，以前的基金愛股，現在是沒有人認識，店舖生意也每況愈下。

3.5

迎來
金融新秩序

2020s這個年代，你會目擊所有看似不可能發生的事發生，既然所有大得不能倒下的都可以倒下來，市場也會迎來金融新秩序。

裁員潮開始

你看現時市場，在民生層面，裁員潮已經開始，酒店70多元一晚都有，我食的酒樓餐廳都說沒有了一半生意。銀行看生意那麼差，借錢要捱貴息，私人貸款更危險，息率會抽上，會進行很嚴謹的審查。新秩序後，政府應該怎樣也會出台一些救市措施，97年至2013年沙士後，救香港的是自由行，若沒有突然消費群，香港是不能過渡的，香港8成是服務業，還有今次我身邊的朋友真的計劃移民，寧願去馬來西

亞、台灣，總之能拿護照就走。

社會結構可能都會出現轉變，今次如果美國能拖垮中國，香港也會一齊倒下，中國反而要香港幫，如果香港真的有事，今次好難翻身。這十多二十年來，中國崛起，由2004年沙士之後，香港有自由行及合資格境內機構投資者（QDII）計劃，帶來香港的興旺，到2007年香港經濟也因中國崛起而復蘇得較快，這一切表面都是中國在幫香港，但其實香港也將香港的國際資金經中國進行投資，無論是從銀行渠道，集資等，都將資金帶入中國，高科技知識也是從香港帶到中國，有助中國全面崛起。

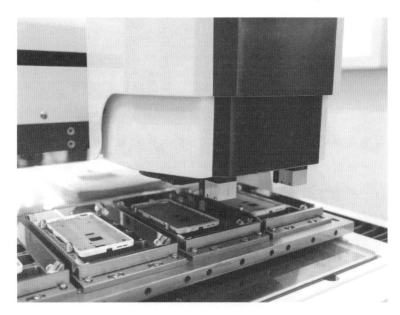

香港成中美爭霸戰關鍵

現在面臨中美貿易戰、中美爭霸戰，甚至冷戰，相信中國會被歐美孤立，在2019年，中國不少數據在尋底，而通脹升溫，市民消費意慾減低，負債也是有史以來最龐大，加上市面上不少市民有樓市債務，中國自身要籌借美元資金是有困難的，新股也需要經香港市場集資。

現在香港這個樣子，即中國想從香港途徑得到國際資金的方法會被截斷，歐美要壓抑中國，香港就要被打壓，香港有很多「大白象」工程，要使用香港的儲備，聘用中國公司做工程，香港資金一路由香港流入中國，中國也不停在香港發行主權基金債，如果今次中國有事，還能幫香港嗎？內地市民原本來香港買保險、旅遊，現在全部人數絕迹，在現今中國經濟面臨下行壓力時，香港內部又有糾紛，預計2020年港股方面，中國公司來港上市數目會大減，變了中國今次救不了香港，因中國自己也要救自己。

香港是中美之間的橋梁，所以現在也被打壓，美國已在說有機會調整香港的特殊貿易地位，我認為這會成為事實，這也是最好打擊中國的方法，美國人深知，打壓中國的最好方法，就是打壓香港。香港是西方與東方文化之間的衝突中最弱的一點，也是俗語說的是「死穴」。

讓債務泡沫爆破

目前市場的資產泡沫已成形，也如我所說，今次帶來全球巨震的是債務泡沫，而唯一解決方法是個人、公司及國家破產、違約，當全部一切都破產違約後，借貸的公司及國家會有大量損失，私人和企業甚至銀行都會出現破產並倒閉，市場會一片蕭條，好像1930年全球的大蕭條一樣，而最壞打算是有民粹主義抬頭，市民對領導政府不滿，不滿財富一直以來由低下層轉移到高層人士。1950年納粹主義興起，希特拉就是在民粹主義下被德國人民支持。所以如民粹主義抬

頭，戰爭是有可能發生的，而最後可能會演變成不能組成得到大眾支持的政府，變相是聯合政府，很多措施政策都會變得難以執行，市民對政府施政會不滿。

目前而言，大量的破產違約是要發生的，因為要來的就要讓其發生，當破產過後，大家重新振作，是可以重建長城的，經過一段時間努力，並再次重建信任，市場是會回復原狀的。所以不行的公司及國家，要讓其倒下，然後市場才得以重建，所有東西才得以重生。

3.6

全球走資
逃生門

　　我直至執筆至此之時，是2019年11月中的時候了，但香港的社會問題仍然未得到解決，社會問題愈演愈烈，不知甚麼時間才能解決。

　　最新鮮熱辣是，美國參議院全體通過了《香港人權與民主法案》，距離生效只有一步之遙，就是等特朗普也簽署，但即或不簽，法案在10日後也會自動生效。所以即使特朗普萬般不願意簽，但也不可不簽，因為是參議院全體通過，參議院是他的人，就算他不簽，這個法例也會自動通過，所以特朗普也無謂垂死掙扎，別把戲演爛了。

香港的下場

　　這個法案一直是美國和中國談判的籌碼，一旦簽了中國會有很大反應，貿易談判便會難以再繼續，但如果特朗普不

簽，美國民眾和美國參眾兩院會有更大反應，特朗普不可能獨善其身，也不能因一己考慮而蓋過全部人的意願，如果特朗普為了貿易談判進程而犧牲自由民主，會令美國人出現大反彈。

我有很多美國朋友告訴我，他們在電視看到警察對香港人的暴力情況，這是他們不能容忍的，他們表示對警察沒有同情，因為在他們與生俱來的認知是，警察是保護及受僱於人民。於加拿大及美國這些地方，政府都是由人民選舉而生，警方是僱用的，警方是要服侍（Serve）和保護（Protect）市民，所以我在美國的朋友，對於警察打市民及濫暴等問

題，清楚表示美國人是接受不到的，他們對香港警察沒有任何同情，認為當示威者沒有還擊力時，警察不可仍然打他們，他們接受不到，他們認為警察可以拘捕，或在示威者失去反抗能力時，警察不可攻擊，這等觀點在美國是一致的，無異議的，也因此香港的人權法案通過，是意料中事。

我預計之後會出現兩批不同下場的香港人：一批是曾經被捕而有案底的人，這批人很大可能都是移民歐美，有西方庇護；而另一批則是安居大灣區，不能移民西方，他們的子女也只能留在香港。正如我一直所說，香港是一個交义點，是民主和共產主義兩者的交义點，這兩種主義在香港角力的時候，香港分裂是必然的，因為這兩種主義是徹徹底底的是對立的。中國說要將一國兩制的成功帶給台灣看，這是不可能的。

民怨全球爆發

而香港的下場會怎樣？香港的一批大學生被留有案底，不可以做公務員，他們也自有他們的去路，而內地就會運內地的人到港，來沖淡香港土生土長的人的比例。再加上當美國的香港人權法案生效，日後香港會出現被美國制裁的問題，政府高官子女不能去外國讀書，又或者高科技不能進到香港，看來香港的情況不會好轉，只會惡化。

民怨遍地開花的情況又豈止香港，智利和伊拉克等都有事發生，可能是加價一點點，都會出現示威遊行，皆因這十多二十年來，民怨累積得太厲害，低下階層受壓逼，受不到公平待遇，現在要爆發出來。

移民潮再現

　　現在香港的情況，就恍如回到1997年前般的移民潮出現，甚至當年沒有想移民的，到今次的情況可能也真的會移民了，移民公司最近做到手軟，是不爭的事實，似乎大家有得走的話，只要不是香港及中國，走去哪都可以。就算人未

即時走到，也似乎先出現讓錢先走了的念頭，紛紛湧去開離岸戶口，我熟悉的銀行家都告訴我，最近做替客戶開離岸戶口的服務都做到手軟，連滙豐總行甚至滙豐尖沙咀的分支都全情投入增加人手替客戶辦理開立離岸戶口，這些情況都不容忽視。

離岸戶口　兩手準備

對於我，我也一直提大家永遠有兩三手準備不是壞事，永遠讓自己有逃生的出口，我自己也有多個戶口，分散風險。而我在做了多重功夫後，也想跟你們分享我開離岸戶口的看法。由於香港的問題讓人擔心，而我預計也只會惡化而難以變好，所以我也把我的資金全轉為美元或外幣，再調出香港。既然香港不是選擇，接著就要想把錢轉到哪裡，加拿大、美國、澳洲、新加坡，英國等都是其中選擇。我都多次說明，無論你開戶於新加坡，美國，英國都可以，開多些也沒壞，不過要注意，新加坡有南海問題，不斷有島礁興建，下一個戰役會否在那邊出現也未可知。

澤西戶口門檻不高

我發現在澤西（Jersey）開戶是個很好的選擇，是英國王冠屬地，澤西沒有稅務問題，定期存款息率也不太差，目前

約有 1.59 厘，總算好過沒有，當然也有朋友跟我說，如果在香港的滙豐美元戶口，定期息率是超過 2.5 厘，但你要考慮的是，現在我們是怕把錢放在香港不再安全，香港的銀行有時可以不開，櫃員機可以被破壞不開，現在是信心問題，所以才想開離岸戶口把資金調出，讓自己安心及覺得有保障，所以即使息率比香港低，但如果更令自己安心，就是一個較好的選擇，息率低一點，但當是買了一重保險，也是划算的。

我本人就開了滙豐在澤西的 HSBC Expat 戶口，是個存款戶口，可以存很多種不同的貨幣，沒有限制，隨之我在這基礎下開了一個 Invest direct 帳戶，是投資戶口，可以投資

外國債券及外國股票等等，就是沒有香港股票買，而且交易費用也不貴，約25元一個交易。開這個HSBC Expat戶口只需5萬英磅等值的資金便可開戶，開戶後又可申請借記卡（debit card）、信用卡（credit card），甚至以美元或歐元作結算的美國運通卡，而且當開了這個戶口，就能成為滙豐卓越理財（Premier）的客戶，享受全球的方便服務。除了這個澤西戶口，我本人也有在新加坡開戶口，始終新加坡息率是高一點。總之開通了服務後，便可以在你不安的時候，便把資金通過環球匯款調至外地，我自己也會這樣做，如果當香港沒事，你想把資金調回來便調回來，沒甚麼損失。

保持輕資產上路

　　我一向跟大家説，我不買香港樓，因為難以隨時調動，但債及現金這些都是很輕盈的資產，隨時可以調動。我心態一向是輕盈上路，可以隨時調動資金，不用給東西鎖死，就像現在我就是想把錢及投資轉走就轉走，隨時轉回亦可。有朋友感受到我好像很忙，我就是要去了解清楚銀行脈絡，讓錢周圍調動，可以調動至歐洲、美國和英國等，總之不會開中國戶口。如果你也打算開離岸戶口，記得問清楚所有收費，也記得清楚知道戶口是否受當地監管機構監管，而不是受香港證監會監管。

Chapter | FOUR
未來投資大勢

對沖王者Ray Dalio：
投資方向要改變

面對8014金融大爆破，全球世界投資格局會大洗牌，大家都要用新的思維進行投資，這不是只有我在這麼說，全世界最大對沖基金Bridgewater創辦人Ray Dalio都是這樣說。

慣有模式不再

　　Ray Dalio表示，現在市場發生的事是史無前例的那麼嚴重，大家要改變投資方向。Ray Dalio説的是一個大氣候變化，不是在説一年半載，也不是兩年三年的事，而是事情正在慢慢醞釀及發生，正如美國加息加了三年半、至停止加息半年、至減息這個周期，這個轉變的過程與趨勢已經是歷經了差不多四年，所以所有我在説的事是在慢慢的發生，也著實已經不停地在發生了。

　　特朗普不斷以Trump put, Fed put及power put來控制經濟，現在市場是被騎勢，用了未來的子彈來延續今天的泡沫，令泡沫爆破。我也多次強調，聯儲局做得最錯的是停止加息，甚至減息。他沒有讓周期自然的出現及過去，而是將泡沫延展。

　　2019年7月，Ray Dalio提到，現在是投資黃金的時間，最主要原因是全球央行對貨幣貶值政策做得愈來愈落力，這情況會令投資模式出現轉變（paradigm shift），即一個基礎的轉變，在我們應付一個問題時，一向慣有的模式是時候要改變，在一個重要的改變過程中，正常做法或想法需要轉，要改變成一個全新的不同的方法。大家只要仔細想想，就會知其實這些投資模式歷來都有轉變，例如2007年會買

股票，2008年會沽股票，有些聰明的人可能會於2010年買回等等。

投資者持有太多股票

Ray Dalio就是指出，現在就是時候有這個模式轉變，他說這10年我們不停被捲入股票及股票相關的資產，有些人已持有太多股票，有可能令賺錢能力急速遞減，甚至帶來損失，例如有些人甚至以孖展借錢買股票，他認為若繼續奢想這些投資未來能帶來回報是錯誤的，這些投資很大機會會帶來損失。

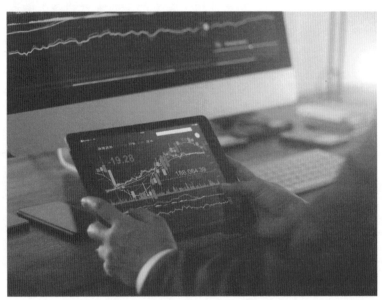

那麼應該投資甚麼？他指出，應投資最有可能得到最大回報的資產，而考慮投資資產可以基於以下作出考慮：第一，基於貨幣持續貶值；第二，基於國內國外有衝突，如美國伊朗、美國北韓，或美國中國等，所以要找出可以應對這些衝突的投資，例如黃金。

　　現在全世界國家都將貨幣貶值，特朗普也想美元貶值，甚至叫聯儲局令美元貶值，然而特朗普最多只可叫聯儲局減息，但不可操控貨幣，但當美元減息減至零，其他國家也會減，大家鬥減到零，鬥減到負息。大家都想自己國家貨物能出口。但貨幣是相對的，你貶我又貶，所以美元怎也貶不到值。

　　Ray Dalio 更說，大多數投資者投資方向是錯的，買黃金比例不足，投資比例不平衡，如果投資者想有十分平衡的組合以降低風險，便需要持有黃金，這是一份保險，以平衡組合風險，不是說會令大家賺大錢。

　　他說，基於這些原因，要增加黃金在投資組合中的比例，不但可以降低風險，次要是可以增加回報。Ray Dalio 這個帖子一出，黃金當時即由 1400 美元抽至 1421 美元。

　　現在是 3 年加息周期後，開始進入減息周期，所以應有這個 paradigm shift，這次投資者需要有新的投資方向及策略。第一次 paradigm shift 是在 2007 至 2008 年；第二次是

2008至2018年；現在就是第三次，他說投資者在這10年過度（overextend）投資，集中了在股票投資，如果投資者有足夠敏銳度，應理解到這些變化，可以將投資轉移至其他地方，至少可保護自己，免受大幅衝擊。

所以我經常提醒大家，我說的話實在只是為大家作出提點，我錯我不緊要的，極其量我只是贏少一次，沒有損失（nothing to lose），今次沒錯可能是賺少了，但長線還有很多投資機會，因為我靜觀而不作投資是有原因的，因為我看到問題，便不去做，我只想保護自己，也保護讀者，所以提醒你們。各位投資者同樣需要改變，以保護自己。

負息時代降臨

　　Ray Dalio 説，自爆發危機以來，聯儲局和全球央行一直維持低利率、量化寬鬆、買債券，及買其他金融公司債券度日，以支撐市場，刺激投資市場。政府買入一些存在一定程度風險的投資，如股票，及新興市場股票及債券，期間公司及政府的債務已經激增，現在債務愈來愈大，國家及私人企業等等都身負重債，有人手持數層物業，有風暴來就會面對大問題。所以 Ray Dalio 説央行要維持低利率甚至負利率，以致央行可以收息甚至付低利息。

　　全球央行如何可壯大自己勢力？就是不停發債，及將利率繼續弄低，將自己漲大至成為一個大怪物，無論美國歐洲加拿大瑞士等央行，繼續不停發債，甚至低利率及負利率，要我們給回息率予央行，舉例你買歐洲債，還要付息給政府而不是有息收，所以這是瘋狂的時代。

　　美國聯儲局甚至企圖減息及停止縮表，如日本歐洲一樣，後兩者經濟情況根本一直沒有好轉過，只是不停將泡沫加大。對 Ray Dalio 來説，全球央行必須幫助債務人即債仔多於幫債主。降息及量寬對市場的衝擊性作用會愈來愈少，QE第一次很震撼，但當不斷 QE，市場反應冷下來。減息一樣，一路減下去，投資市場也不會因應上升。美國每射一粒子彈

就是少一粒。力度及刺激性都會遞減，債務加大及貨幣貶值
情況會不斷上升，這些都在在降低債權人的貨幣價值及實際
回報，因為我借錢給人沒息收，那不如不借。

　　現在央行在測試債權人的忍受力去到哪裡，現在買債都
沒有息收，不如買黃金，買實金，比買ETF及紙金更實在。
但問題是若要買實金，世界上沒多少，也不知放哪裡。當債
權人忍耐力到極限，不買債了，買黃金。Ray Dalio說的這
個paraidm shift已很接近，一來臨便會對投資市場有重大改
變，即買開的會成為無人買，無人買的會有人買。

　　有黃金公司收購採金公司，寧願買一間正在虧損的公
司，就是看到這所公司被低估價值（undervalue），因為只要
等到金升，採金公司便會值錢。

4.2

哪類投資者最醒？

做投資需要耐性，我常常跟大家強調要有耐性，同時不能太投機以至不能翻身，我以債券大王格羅斯（Bill Gross）作為例子。

格羅斯永不翻身

格羅斯之所以被譽為債券大王，是因他在上半場時，能在債券市場賺到錢，他在債市的投入是很投機的，但他「食正」一個浪，就是80年代的債券牛市，他做很多投機盤，以槓桿投機，賺好多錢，但他只要一次看錯市就會玩完。他現在就玩完，慘淡離婚退休，他的基金資產萎縮，原因是這幾年又是做投機盤，他沽出歐元債券，買美元債券，但歐元一直沒有跌，他就是輸這個投機盤，而且不肯認輸，愈輸愈多，直至翻不了身。

雖然美股升得厲害，但債市的孳息曲線愈來愈差，我再深入研究債券的孳息曲線，要看市場經濟情況，比較1年及10年的國債息率是最準的，兩者的息率差距在9月中一度收窄至8、9點，是2007年之後最少。而1、2、3、5及7年的孳息曲線於2019年以來已經相繼倒掛，所以在美股不斷上升，而孳息曲線不斷收窄下，即債券投資者是預期孳息率會倒掛，沒有改變對美國會出現經濟衰退的看法。

而10年和30年期的國債息率擴闊，預期會繼續擴闊，因為債券投資者預計通脹正臨，而經濟會步向衰退，即預計會出現滯脹，長息會升，短息會跌。金是滯脹下的最強後盾。

現在有三種不同人在看市場，第一種是債券投資者，他們看長息升，短息跌，衰退正來臨。第二種是買股票的人，

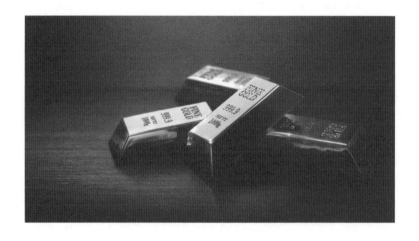

股市升就話升，股市跌就話跌，其實這些人宜看看外國傳媒，看看世界在發生甚麼事，美國只靠特朗普twitter以及6大銀行頂著股市，頂到現在，而這些股票投資者看經濟好，不會有問題。第三批人是看貴金屬會升。我相信這三種市場人士中，是有兩個勝利者，當然就不是買股票那些人。我始終是債券投資者，經歷多次金融危機都能看到，債券投資者會勝利，債券是全球最大投資市場，債券投資者會是生還者。而投資貴金屬的人，是和債券投資者的眼光相聯繫，有相近看法。所以買股票的人最後會一鋪清袋，現在的風光是短暫光輝。

貨幣變得不可信

我仍然看會出現衰退和滯脹，而貨幣會變得不可信，市場會回到黃金懷抱。所以我會投資貴金屬，包括金、銀、鉑金及鈀金。當中金的買賣差價不大，金是我認為可以長線投資的投資工具。

我好少做即日鮮（day trade），金一日升50、60美元很容易，但我不會day trade，我預計的是會以倍數地上升。例如我估股票會跌，但我會叫大家不要沽期指，會大輸特輸，投資要有耐性。而銀的買賣差價都低，但波幅上落大很多。另外就是鈀金和鉑金也可考慮，本章稍後會更詳盡講解。

避險四寶
亂世之選

　　面對時勢轉變，大家都要在投資思維及方向上有所相應調節，而我就認為，避險四寶無論怎説也是這幾年最穩陣的投資工具，我指的是美國國庫債券、日元、瑞士法郎及黃金。

　　隨著美國在10月公布ISM等數據不理想，聯邦儲備局在2019年10月終於正式宣布聯儲局資產負債表會擴張，對市場會是好事，但實際上不是新消息，聯儲局不承認是擴大資產負債表，但實際上一早在進行，他們説REPO是短暫措施，現在也變了常設措施。

美元強勢 不利金價

　　因應擔心經濟前景不好，突然間全部避險四寶都發威。當美國股市算是大跌，日元突然上升，但美元真是很奇怪，總是未能下跌，2019年10月仍然維持在99的位置。美元這樣

強勢，其實對全世界都不利，包括對金也不利，因為如此強勢，金的價格是很難上升的，始終金價要上升是要等美元變得疲弱。2019年10月左右，美元指數在99.14至99.7徘徊，如果仍然保持強勢，所有資產都沒有運行。

市場現在負息債的情況，投資者都沒有興趣買入美債。要記得有幾種投資者：普通市民較少參與國債拍賣，反而商業機構、較大的退休基金（pension fund）、政府機構，還有各國政府中央銀行互相買賣債券。現在反應這樣差，反映市場上除了中央銀行，沒有人有興趣再買這類債券，因為覺得買了債券仍然要支付利息，這是不可能的事。這樣差的情況

是第一次發生，但如果繼續下去，債券投資者有機會對負息債券反感。因此，如要改善，債息要維持現在的位置或者抽升。如果拍賣的情況一直很差，除非中央銀行繼續大幅印鈔來吸納剩下的債券，否則每次拍賣的反應都會很差，因為沒有了爭奪的感覺。然後，債券價格便會下跌，但債息就會上升。

商品牛市 衡量風險

另外，我們要留意bid cover ratio，到底有多少人買債券，order size及book size如何，因為如果超額了十多倍，便是好的；但只超額了一、兩倍，便是不好，價格便會有向下的跡象。還有要留意投資者出的價格會否更加進取，以及賣家設定的價格高不高，因為在以往經濟下行時，國庫債券變得很搶手，但如果大部分投資者都沒有太大的興趣，國家也不敢定價太高，怕反應冷淡。反應冷淡會帶出負面訊息予市場，再次拍賣債券時需要提高利息，這對中央銀行是很大問題，因為中央銀行所拍賣的債券都要是負息或是零息，才可令銀行繼續生存。

我們繼續留意市場美債負息情況，其實如果不是擔心中國會沽美債和美國同歸於盡，真的可以全副身家買入美債等全面負息情況出現，債價便會上升，我們便可坐著收錢，但

始終有中國作為持有美債第二大的國家，也有數據反映中國在2019年7月時有減持美債，所以中國的因素不容忽視。現階段至少我不會貿然買入美債。

日元及瑞士法郎這兩種傳統避險貨幣，我則沒有投資，要留意這兩種貨幣，在美元轉弱時才會上升，我未有投資的打算。

至於貴金屬，尤其黃金，我認為在商品牛市中任何時間買入都是必賺，但我常常提大家，要注意自己能承受的風險，所以何時買何時賣，投資者也要因應自己能力衡量。

美債
可以買了嗎？

　　時局確實混亂，可能大家都有疑問，那麼現在是買美債的時機嗎？

　　買美債可以分為兩類，第一類是買企業債；第二類是買美國國庫債券。以下我所說的，是以美元為單位的債券。

　　買債券對一些零售層面的投資者來說是有其困難的，原因是債券市場的透明度有限，而且買賣的定價沒有一個絕對的標準，每一間銀行或者證券行出的價都有很大差異。買賣差價亦可以很闊，沒有特定標準，所以投資者從不同的銀行或證券行所得到的資訊會十分參差，買賣的價錢也有很大分別。再者，每間證券行或銀行所收的佣金也不是一樣，最貴的可以去到0.5%佣金，所以在短線投資方面是沒有甚麼利潤可言的。買債券是一個長線投資，最主要原因就是因為買賣差價十分大。

低級別債不建議吸納

現在說說企業債券，企業債券有分高息及低息債。高息的通常是一些例如內房債券或一些低評級的發展中國家債券；評級方面在BBB-以下。企業會付較高的息率以吸引投資者買入，但是在現今的環境，這些息率我覺得不足以值得我們冒風險去購買。

如果市場如我所料，未來這一年將會有金融大海嘯出現，這些企業債券尤其是一些低級的企業很多都會倒閉，而倒閉的時候這些債券就會受到十分大的影響，投資者可能失去全部的本金。而且上升的潛力現在已經十分少，如果你

用上升潛力比較風險因素來衡量，我覺得現在尤其不值得冒風險去買一些內房債券。當然每個人有他們的風險胃口。但是我覺得買債券最重要就是買了之後要持有得舒服。如果市場上有甚麼變化，例如中美貿易戰有任何升級的情況影響之下，或者全球經濟繼續放緩，這些所謂高息的債券或者高風險的債券的價格波動將會十分大。投資者在以市值計價的損失上會十分龐大。如果你用槓桿去買這些債券，情況更加危險，因為隨時會因著價格的下跌，令按金比例不足，而導致要被call孖展。那時你便落得只有兩種出路，一是要把手上的債券賣出，當然損失會十分龐大；第二就是另外再籌集資金去補回那些不足的孖展按金。

宜選高評級短期債

如果你問我，現在有把槍指住我的頭一定要我去買債券，我不買債券就不舒服！那麼我覺得比較適合的，就是買一些高評級的公司債，另外就是要買一些短年期的高級別的公司債，例如AA或者A以上的評級。年期一定要短不可以太長。因為就算這些高級別的公司債如果年期太長，當金融海嘯殺到的時候，價格波動也會十分大。短年期的高級公司債例如一至三年的，我認為可以接受。但超過十年以上的，就算是高級別高質素的公司債，我暫時都覺得是十分危險。

在債券方面現在不是該進取的時候，而更重要是保本。最希望是收息直至年期到的時候把本金收回就算了！

最後我要講一講美國國庫債券。在這幾個月美國國庫債券的價格已經下跌了大約8%左右。息率升了大約四十點。現在是不是適合時機買這些美國國庫債券呢？我相信現在還可以再等一等！

我相信美國聯邦儲備局減息的趨勢會繼續下去，而始終有一日美國息率會降至零，甚至負息。最好的例子就是日元及歐羅的國庫債券息率已經到了負息！當這情況出現之下，這些國庫債券的價格必會上升。但唯一一樣事情會令人擔心的就是有沒有機會中國會大幅拋售這些美國國庫債券來報復美國對中國的貿易戰，以及其他方面的行為而做出報復的決定。這是一個大問號，如果中國真的是大量拋售美債券，這些國庫債券的價格將會急劇下跌。投資者將會損失龐大！如果你真的有大量現金而想投資入一些比較上穩健的投資工具，只可以考慮短期一至兩年期的美國國庫債券去投資。

還需要等一等

結論就是暫時我都不會把大量資金買入債券。我會再等一段時間因為現在十分多的不明朗因素。全世界就算每一

個國家的領導人都無從入手。不知世界日後的去向怎樣！簡單的來說，例子如英國脫歐問題的結果無人能知。就算特朗普，英國首相，習近平這些國家領導人及歐盟的領導人也沒有辦法知道英國脫歐未來的去向。另外一個嚴重的問題就是中美的糾紛。我並不是說貿易戰，而是中美全面性的對抗。冷戰時代開始，亦是一個沒有人能夠預測到結果將會是如何的事。

另有一個更加嚴重的問題就是民粹主義的抬頭。許多國家的平民百姓，在這十幾二十年因為受到不平等的對待，或者國家領導人及本身國家不能夠滿足平民百姓的需求，或不

能夠給他們有一個平等或公正的待遇，令到積怨愈來愈深。相信在未來時間一個一個的爆發！現在有幾個比較嚴重的國家就是智利、阿根廷和委內瑞拉。而我們的香港也是其中一個十分大的一隻黑天鵝。如果香港的事情不能夠圓滿地結束或產生一些更加嚴重的血腥暴力事件出現，整個世界的經濟及國家安全亦會受到困擾。全球更多的示威遊行必會出現！民粹主意產生出來的總統將會一個一個在全球遍地開花地在每一個國家產生！如果你們有留意國際新聞很多國家這幾年一些民粹主義思想的領袖已經成為國家領導人！最近大家亦都留意到智利的情況都令人擔憂。遊行衝突事件及示威愈演愈烈！

當然你會問這些事件究竟與債券有甚麼關係？但我可以告訴你，買債券一定要做功課！首先要留意的事就是全球或者每一個國家政治情況及經濟穩定情況。買債券是一個很高深的學問，不能夠胡亂投資！一定要研究清楚全球經濟政治軍事環境因素才可以買你的第一隻債券！

黃金——
貴金屬王者

眾多貴金屬中，我最鍾意投資的就是黃金，最好是實金或者黃金 etf 或者紙金。金是長線看好的，金是穩步上升的。

不加息有利金價

早於 2019 年年初，黃金價格相對很多種外幣都創新高，唯獨兌美元未創新高。黃金在 2011 年最高位是 1900 美元，當時全球估計量化寬鬆是一件失敗的事，只會令物價瘋狂飆升，但當時沒有這事發生，因為這事要發生需長時間發酵，但這些投資者失去耐性，所以沽金，買其他資產，出售黃金令黃金價格當時下跌，直至跌至 2015 年 12 月跌至 1050 美元低位，剛剛就是美國聯儲局第一次加息，黃金到達底部，市場的人都是在有傳言時買入，到事實出現時沽出（buy on rumor, sell on fact），但當時聯儲局加息，限制了黃金升幅，

但現在到今時今日唯一阻止黃金上升的因素是加息，但聯儲局現在都不加息了，即黃金沒有了阻礙上升的因素，若聯儲局現在說不加息不縮表，黃金更加會升。

雖然我長線看好黃金，但我在2019年9月5日時曾沽清手上的持貨，包括黃金、鉑金、鈀金及銀，全部平倉，主要原因是想先鎖定利潤。10月是傳統上的股災月份，適逢2019年10月不同地方都有很多問題，無論是香港的問題、歐洲的問題，英國脫鈎的問題等等。

林鄭月娥9月6日表示撤回修例，當堂為市場打了興奮針，因而避險四寶全散了，好在我的投資未受大影響，我見到短期阻力位十分大，破不了阻力位會調頭回落，但長線我仍然認為貴金屬處於牛市，但當刻是牛市中的一個調整。但大家應該知，牛市之中，你在哪個位買都會賺錢，就算在短期高位買貨都不用擔心，到最後都會破位而上。

　　我沽清手上持貨是因為我想先鎖定利潤，我已分析過，我中短期倉已平倉，只長倉沒買，但見預期調整那麼深，那我為何不先鎖定利潤。

因為貴金屬在2019年以來的十個月抽得很厲害，我沽貨後就看到貴金屬出現回調，我相信這個回調會介乎10至30%，由於沒法預知最低位在哪裡，所以我會用平均法買入，以期望買中這個回復向上的形勢。

看好上破 1900 美元

例如金，我預計升至1900美元是沒有問題，金對所有貨幣早前已創新高，只是兌美元未創新高。所以我說明不要貪心（don't be greedy），第二be patient要有耐性，做投資者永遠不會高位接貨，一定高位出貨，低位接貨，既然我說現在是高位，我強調buy in dips，要等這個情況出現才買貨，又或者是在高位沽貨（sell high），有句話是君子不立危牆之下，我都說現在會大挫，多至30%幅度，即我於2018年11月左右以1180美元買金作為長線投資，升到2019年9月初的1560美元，估計之後會跌30%最多，我何不先鎖定利潤。

黃金在高位1560美元，這個位是很強阻力位，而在我沽貨後，黃金曾跌至1506美元。所以做投資要自己分析，分析完要有動作，做投資要快狠準，一出手要9成機會率以上成功才出手。錢是自己辛苦賺來的，是很重要的。

所以投資需要耐性，不是我看好金就完全不理不沽，在適當時候進，在適當時候退是需要的，這樣才能在投資中成為長勝將軍。

我在2019年9月時沽出黃金，就是因為看到金在1488美元左右是一個阻力位，預計金有可能會出現調整，所以就先行沽金鎖定利潤。無論看好甚麼投資，我也會找機會分階段入市，不會一次過全部投入，因為金是有可能出現大調整。

若金再升破2019年8月高位破1500美元，也是可追入的時候，原因是市場好消息已經盡出。市場若減息減至零，大家始終都要買金，現在放在銀行沒利息收，還可能出現負利息，那就要另外去找東西買，例如買金。

買金實際操作

我不厭其煩提醒大家，貴金屬波動大，所以要以平均法買入，及在低位買，不要做孖展，長遠這些貴金屬都會升值，直至牛市結束。若買孖展，短期下跌幅度大過按金所需，便會賠上全部本金，所以只能買實貨，或在銀行買紙金。

這裡想跟大家談談實際買賣的具體操作，例如買實金，可以到恒生銀行總行購買，買賣差額是最少，不過不肯定有貨，而且如果要賣，都要回到恒生銀行總行購買，是比較不方便的。

未來投資大勢──黃金──貴金屬王者

紙金入場門檻較低

　　如買紙金的話，可以在恒生銀行的網上銀行買，差額比較少，但不好之處在於不能變實金，只是以協定價值作買賣，只是追踪金價，買紙金不會收取佣金，舉例以1400至1500港元價格買入後，只收2至4港元的買賣差價。例如恒生銀行買紙金，要承受銀行可能倒閉的風險，但入場門檻較低，例如一金衡両9999金條約需13,850港元，但買恒生的一金衡錢黃金結單／黃金存摺，僅需1365港元左右。

若在金行買，實金的買賣差價可能去到數十至百多港元，買賣差價闊，而且如果要賣，也要回到同一所金行，否則買賣差價就更闊。我指的金行，是專買實金，例如9999純金條的那些金行，不是買金飾的金舖，大家不要弄錯。

金ETF買賣差價少

買賣實金有其好處，但不好處是不輕易攜帶進出，我們亦可考慮在美股市場買ETF，那個ETF名稱為GLD，當美股般買賣，買賣差價僅約1美仙，在2019年10月的時候，價格約在140美元，是以上眾多選擇中買賣差價最少。但GLD都有可能倒閉，投資就要明白會涉及這些風險。

或者大家也可以考慮到銀行買世界認可有專業認證的金幣，例如楓葉金幣，這類金幣有證書，世界通行，才較有投資保障。無論買以上哪一種金，都有其風險，大家要小心衡量。

而投資銀，和金差不多，但銀並沒有紙銀買，所以可以考慮買實銀，但買賣差價也是很闊，我認為不值得，可考慮買紀幣銀幣等候升值，但沒有明確的買賣差價，或者可以買銀ETF，在美國上市，代號是SLV，而其餘兩種貴金屬情況一樣，都是買ETF，鉑金（Platinum）叫PPLT，鈀金（Palladium）叫PALL，不過投資時要注意買賣差價。

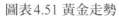

圖表 4.51 黃金走勢

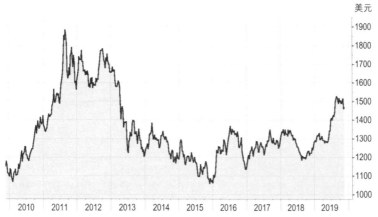

美元

圖表 4.52 恒生銀行黃金價格　　（直至 20-11-2019 16:25 為止）

黃金價格	買入 (HKD)	賣出 (HKD)
黃金結單 / 黃金存摺 (一金衡錢)	1,378.10	1,380.70
紙金粒 (一金粒)	1,156.70	1,159.20
恒生千足金條 (一金衡盎司)#	11,546.00	11,893.00
恒生千足金條 (一克)#	371.20	382.40
九九九九金條 (一金衡兩)	13,940.00	13,980.00
九九金條 (一金衡兩)	13,740.00	13,780.00
財神金牌 (二十克)	7,925.00	7,975.00
財神金牌 (十克)	4,105.00	4,155.00
財神金牌 (五克) 橢圓形	2,210.00	2,260.00
財神金牌 (五克) 長方形	2,210.00	2,260.00
鴻運金幣 (一金衡安士)	11,920.00	11,970.00

* 只適用於黃金結單 / 黃金存摺 / 紙金粒
\# 只適用於恒生千足金條 (財神) 及恒生千足金條 (龍年)

資料來源：恒生銀行

銀、鉑金和鈀金

亂世中的貴金屬投資，除了黃金，我也有投資銀、鉑金和鈀金。相對黃金，這三種貴金屬的波動會比較厲害。

銀兩年間跌價逾半

銀的價格在2019年年中，在14、15美元徘徊了很久，看看2016年至2018年來來去去都是13、14美元，相對2011年的時候，銀價達到50多美元，後來過了兩年，銀價跌至20美元，不見了超過一半，可想而知投資銀可以是很高風險的。

銀2019年年中的這波升浪，是由15美元起步，亦即是我買入的時候，後來到9月中，銀升至19美元，我見銀在9月升至19.5美元便平掉所有倉，因為見勢色不對，又例如鉑金（platinum）也可一日內較高位跌接近8%，那裡已牽涉很多錢，只要在對的價位沽了貨，就算在大跌後補倉，也可賺很多，這些貴金屬一是不動，一動的話幅度可以很大很恐怖。

銀這幾年長期跑輸（underperform）金，唯獨在2019年8月時是跑贏（overperform）金的。其實銀跑贏金是好事，但銀跌得太急的話就要避一避，2011年其實好多水位衝上去，長線風暴完了相信銀要破上次高位是沒問題，當減息在10至12月完成後，銀會衝，不用等好久。

鉑金有工業用途

至於鉑金（Platinum），2019年年中，大約是848美元，回說已是由87年至現在算是低位，2007年2008年5月3日，

金融風暴時抽到2250美元，而低位在1992年9月1日，見333美元，我看升幅是有的。不過鉑金在一千美元有大阻力，一上一千美元就有好大沽盤，所以可能短期見到有大的阻力位如2019年年中的一千美元的時候，便需要沽貨，因這個位好難突破，否則就有可能損失慘重。

但比較麻煩是鉑金買賣差價闊，相差10美元，bid offer 擘得闊，短線炒賣比較難，投資鉑金就需要看長線。

鉑金有工業用途，做汽車火咀，但今日燃油汽車給電動車取替，電動車用銅及鈀金比較多。這些都是常識要閱讀一下。

投資鈀金要看長線

鈀金（Palladium）居歷史高位，但2019年年中這段時間升幅是這4種貴金屬中最少，98年高位一路破高位，但也面臨在高位1568美元的阻力位，鈀金是這幾種貴金屬中比較平穩向上，但鈀金很稀有，擘價很闊，舉例有4美元擘價，bid offer闊，難短線買賣，投資要預計坐長少少，銀擘價都只是1仙，金5毫，但這隻鈀金擘價闊，交投也不多，但由於稀有，變相長期處上升軌，跑贏其他金屬，這隻是防守最好。

所以買這4隻貴金屬的策略是，進攻就選鉑金或銀，保守就黃金，而鈀金就要預是長線投資。

圖表4.61 銀走勢

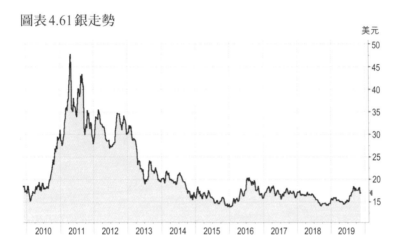

圖表4.62 鉑金走勢

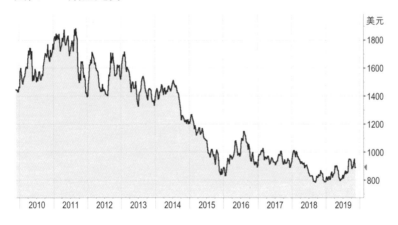

圖表4.63鈀金走勢

買「黑金」的
最好時機

黃金開始升的時候，就代表未來的通脹開始會出現，亦證明了美國聯儲局會開始準備第四輪的量化寬鬆（QE4）。

這波是商品通脹

QE4一旦推出，美元將來會下跌。因為市場上過度印鈔，導致貨幣下跌而產生通脹，再加上關稅的關係，美國通脹一定會出現。2019年下旬，美國的汽車製造公司——通用汽車（GM）的員工罷工，這代表員工需求工資要增加，亦證明了美國的通脹開始出現。種種情況出現都說明了在宏觀上來看，未來的經濟即將進入通脹期。在這段時間可能會有更差的情形出現：大家可能會對美元及美國債券都失去信心，因為美國政府過度印鈔的關係，令大家對持有這種硬貨幣（hard currency）完全失去信心。有機會產生類似2000年時

的情況，硬資產（hard assets）開始暴升，例如黃金、白銀，甚至你買任何的商品，只要大眾認為有價值的，該商品的價格便會暴升。因此，我們這種所謂印鈔經濟會造成荒謬的情況，然後又會跌入一個瘋狂的通脹期。

今次是商品的通脹，與上次不同，上次是股票的抽升。

股票在這種環境中表現很差。這篇文章最主要想跟大家說，到底黃金升了以後對其他的商品有何影響。大家可能不知道，原來油是有十年周期的模式。而油的十年周期實在是非常有趣，因為它跟黃金的周期只是差了一點點，只相差大概一年。在1989-1998、1999-2008、2009-2018這三個十年之間都出現了十年裡油價的低位。

油價有十年周期

第一個油價低位在1989-1998這十年之前，經歷過低位後，油價便開始反彈，升了218%。1988年之前油價大跌，然後在1989年油價便暴升。十年之後，1998年油價大跌，在1999年油價又大升，又是一模一樣的模式。在2009-2018年亦重複著這樣的模式。2008年油價大跌，2009年油價大升，油價是升了256%。由此可見，這個十年周期是十分有趣的，凡是八字結尾年，油價都是大跌；九字結尾的年份，油

價開始大升，而每次油價開始大升的時候，黃金是一早已經升了。因此，只要你見到黃金開始升，短期內最好的投資機會，不是買金，而是投資黑金。

大家都知道，油的別稱是黑金（Black Gold），意指投資油的風險比投資黃金大，但是油的升幅亦是超過黃金的。如果美元真的開始見頂，又開始被人拋售，聯儲局開始大量印鈔票，會升值的不止黃金，油及其他商品（commodity）亦會開始暴升。歐洲中央銀行（ECB）已經開始推行QE，聯儲局實際亦已和推行QE4沒有分別，因為美國沒有其他辦法

解決資金問題或將來的赤字問題，只有QE能夠解決問題。所以，我們要留意，當美元進入跌幅期時，所有黑金（即是油）就會進入更加厲害的升幅。我們亦要記得留意黃金及油之間的聯繫（coalitions）。其實在大部分時間，金及油之間的coalitions是很接近的，但來到2019年下旬兩者之間的coalitions可算是歷史上比較低的。因為黃金的價格升幅較大，油仍似未發力，所以每當這些情況發生的時候便可預期，接下來油價亦應該進入升幅，兩者之間的coalitions才會變得正面。因此可以這樣說，當黃金的價格已經上升了，大家接下來要留意的便是油。

但這類型的投資風險很大，對嗎？

是的，但大家都要知道這類型的投資都有交易所交易基金（ETF），而且他們是槓桿ETF（Leveraged ETF），相對是安全一點。因此，我相信大家未來投資時要多加留意美元的走向，留意美國是否有意推行QE。如果美國真的準備推行QE，大家的投資組合裡可以多一點考慮商品（commodity）。但大家亦要知道，美國股市真的撐不住的話，即是當美國股市進入熊市，在短時間內最好不要持有商品。因為當大市進入大跌期時，沒有人會持有任何商品或股票。大家可能在2019年下旬也有聽過，美國一些最有錢的家族已換好了現

金，這亦代表了這群有錢人，可能已預計到美國股市即將撐不住。

　　我曾提過十月是傳統股災月。我們身處這個時期，每每正經歷季節性的風險期。一般來說，9月一開始的兩三個星期，市場仍能應對，但到了9月最後一星期及10月，市場風險便會大大及逐漸增加。而且，美國的repo風險問題是尚未解決的。而最近有一個市場技術分析員分析了最近的股市是跟1966年及1967年的股市一模一樣。這其實是很驚人的，歷史就是這樣重演的，當時下跌了又反彈，但在1967年時大跌

38%。所以現在我們要留心股市會產生甚麼後果，因為大家都知道現在的股市有特朗普在背後講説話推動，但究竟這樣的操控能操控多久呢？但歷史就是歷史，你現在所做的事，以前的股市都已經反映過。而反映過的話，又會否真的歷史重演？我們下一步要留意。

4.8

恐慌指數
助避險

我和技術分析投資研究公司 Five Star Charts 的創辦人兼董事總經理齊勳（Boris）都曾經在網上和大家分享一項十分有用的指數，那就是波動指數（VIX，俗稱恐慌指數），這個指標對於分析市場風險十分有幫助。

VIX 愈高 股市愈跌

Boris 指出，當股市跌 VIX 會大升，當 VIX 在 50 天線以上和 50 天線以下，亦決定股市升或跌。當 VIX 在 50 天線以上，股市會維持下跌；當跌破 50 天線以下，股市會升。另一個比較更加準確測量股市短期波動的，會以標普 500 指數和 VIX 造成一個比率（標普除以 VIX 的 Ratio），所以當這個比率急跌破 50 天線，股市會急跌；當升回 50 天線之上，股市會回升。這個比率代表當標普 500 回報低於 VIX 波動的時候，股票就會跌，波動就會增加。

2019年10月初，VIX上升至18.56的水平，是屬於偏高的位置，因為如果超過了20便算是非常波動（volatile）。前一天，美國公布了美國供應管理協會（ISM）的製造業採購經理指數（PMI），指數到達47.8。我想大家都應該知道，PMI低於50即代表在收縮。其實已經連續兩個月在收縮，上一次是49.1，這次是47.8，比上次更嚴重了一些。當仍未公佈數據的時候，VIX大約是16左右，而前一日就是15的位置，但突然間數據一出，VIX，即是恐慌指數就急升，升至18.56的位置。

圖表4.81 VIX指數走勢

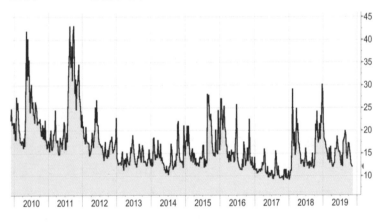

數據差 VIX 飆

　　我首先講講 ISM 的重要性，其實 ISM 是甚麼呢？ ISM 就是美國製造業的指數，2019 年 10 月初發佈的數據是 2009 年 6 月以來最差的一次。ISM 是對現況十分重要的指數，它佔了美國 GDP 的 12%，它另外亦佔了美國出口數據 50%，因此這樣的收縮是對美國經濟一個很大的警號及啟示。這亦等同摑了特朗普好幾巴，當然也少不了他的一班官員，因為他們常說：「現在是美國經濟最好的時候。」但你看看 ISM，跌低過 50，也是 2009 年以來最差的一次指數。既然數據顯示是這麼

差，又何來官員口中所講的「美國經濟十分好」？顯然他們是在說謊、吹牛。

　　還有件十分好笑的事，就是當特朗普一見到這個數據，便馬上責罵了鮑威爾一頓。他在Twitter上寫道，"As I predicted, Jay Powell and the Federal Reserve have allowed the Dollar to get so strong, especially relative to all other currencies, that our manufacturers are being negatively affected." 意思即是現在的製造業指數這麼差，全都是因為鮑威爾沒有減息或減得慢，推高了美元，令到ISM很差。特朗普亦寫道，"Fed rate too high"，聯邦儲備局的聯邦基金利率太高了，"They are their own worst enemies, they don't have a clue. Pathetic !"，意指聯邦儲備局就是我們最大的敵人，他們甚麼也不懂，很可憐，當然特朗普是在推卸責任。隨後，ISM的主席Timothy Fiore馬上反擊特朗普，提及ISM為甚麼這樣差。因為ISM是他們公布的，他們有責任尋根究底。Timothy Fiore所講的與特朗普完全相反，指"The manufacturing side is telling us something. It's a combination of global growth and we've got a trade war that's been going on for a year and a half." 他把成因歸究於全球經濟增長及貿易戰，他亦說如果貿易戰維持的時間愈久，破壞力便會愈高，完全沒有提及過美元指數、鮑威爾等

等。由此可見特朗普的自以為是，難道他以為美國是共產主義國家，他說甚麼就對嗎？顯然這裡有言論自由，大家都會分析他的言論再反駁，即使是下屬也會批評他。ISM指數一公佈後，瓊斯工業指數本來升100點，但之後都無以為繼。

避開
高風險資產

　　全球央行繼續印銀紙，再加上人減我又減的減息熱潮下，我認為長遠來說，貨幣是不再值錢的，無論是美元或人民幣，甚至所有貨幣，我長遠都是看淡的。

　　我現在確實是一元港元不留，全持有美元，但那是作為資產的一部分，論投資我是不會買外幣，持有美元收 3.5 厘年息都足夠。我現階段也不會大舉買債，亦不會買高投資級別債，只會買金做保險。2019 年美國有很多企業的債到期，我會留意著發生甚麼事，做人第一樣是守住江山，不要輸才有得贏，要等合適時機再出擊。

惠譽調低香港評級

　　我之所以不留港元，就是有鑑於當前香港情況，評級機構惠譽（Fitch）調低香港評級，由 AA ＋變 AA，這沒甚麼

意外的，由於香港情況沒有緩和迹象，評級遭降低是意料中事，而報告中有一句話最令我深有同感的是：「預期一國兩制會維持，但香港的經濟金融和社會政治，和內地聯繫正逐步增加」，這代表將來會有更大的監管，而香港的機構會面對更大挑戰，會令香港和內地的評級趨向一致，香港評級很大機會會一級一級地下降，這些事情已在發生，不能再天真地以為中港的評級及前景是兩回事。

官逼民反，世世代代都是這樣。2018年要留意民粹主義抬頭，可以引發好大問題，可以出現大戰，正如歷史重複又重複出現。

香港這件事和貿易戰也有很大關係。另外連馬來西亞首相馬哈蒂爾這位親中人士，也說林鄭要辭職，以免六四事件在港重演，而最恐怖的是，他說中國會用更嚴厲的方法控制香港。你也許以為那些外匯管制，宵禁不會出現，現實是很多民主的國家都會有外匯管制，冰島都有。不能說甚麼措施不會在香港出現。

搶開離岸戶口

我的銀行家也告訴我，現在最多人問的是如何開立離岸戶口，例如開去新加坡，轉為甚麼貨幣也好，只要不是港元和人民幣。我的銀行家告訴我，現在要約見開國際銀行戶口，需要等兩個月，想開海外戶口起碼要100萬港元。我也奇怪為何還有人會買樓，如果可以，就將資產轉去外地。

2019年來到10月，滙豐銀行仍然給高息搶存款，以前都未試過在10月2日仍然需要搶存款，息率給到2.6厘這麼高，這是好很有指標性的，存款息有可能會高過按息，反映銀行的資金情況需要關注。現在各大香港銀行都「鎖錢」，用高息吸引大家鎖定資金，作為我的粉絲，要保護自己能走就走，錢走了人跟著走。我身邊的醫生朋友，連馬來西亞都去，因為最易移民過去。我都跟老婆說，現在真的甚麼也不能說。

我病都不敢戴口罩，我真的怕被拉，對香港完全失望，完全沒有信心。

香港正如我所說，已經成為風眼，不要買恒指牛證，不要買樓，全世界看香港死，美國人想香港死，中國人又不救，實在是「攬炒」。

另外我又提醒大家，為了保障自己，當你們開立甚麼銀行或證券戶口也好，你可以問清楚職員，你所開立的戶口是依香港證監還是美國證監的條例？是受美國還是香港監管？不要怕醜，為了自己的利益，記得無論如何也要問清楚。

Wealth 109

2020s 金融大洗牌

作者	Dr. Ng-Bond Desk
出版經理	Sherry Lui
責任編輯	Acid Luk
統籌	Pierce 皮雅斯
書籍設計	Marco Wong
相片提供	Getty Images

出版	天窗出版社有限公司 Enrich Publishing Ltd.
發行	天窗出版社有限公司 Enrich Publishing Ltd.
	香港九龍觀塘鴻圖道78號17樓A室
電話	(852) 2793 5678
傳真	(852) 2793 5030
網址	www.enrichculture.com
電郵	info@enrichculture.com
出版日期	2019年12月初版

承印	嘉昱有限公司
	九龍新蒲崗大有街26-28號天虹大廈7字樓
紙品供應	興泰行洋紙有限公司

定價	港幣 $168　新台幣 700
國際書號	978-988-8599-31-8
圖書分類	(1)工商管理　(2)投資理財

支持環保　此書紙張經無氯漂白及以北歐再生林木纖維製造，並採用環保油墨。